尖草坪区文史资料（第十六辑）

政协太原市尖草坪区委员会 编

郝岳才 郝贞明 著

KAN WAI SHUANG YE HONG

龛外霜叶红

抄本《傅眉杂录》考略及其他

山西出版传媒集团

三晋出版社

图书在版编目（CIP）数据

龛外霜叶红：抄本《傅眉杂录》考略及其他 / 郝岳才，郝贞明
著 .--太原：三晋出版社，2022.10
ISBN 978-7-5457-2574-2

Ⅰ. ①龛… Ⅱ. ①郝… ②郝… Ⅲ. ①傅青主（1607—1684）—
人物研究 Ⅳ. ①B249.9

中国版本图书馆CIP数据核字（2022）第193521号

龛外霜叶红：抄本《傅眉杂录》考略及其他

编　　者：	政协太原市尖草坪区委员会
著　　者：	郝岳才　郝贞明
责任编辑：	王　甜
出 版 者：	山西出版传媒集团·三晋出版社
地　　址：	太原市建设南路21号
电　　话：	0351-4956036（总编室）
	0351-4922203（印制部）
网　　址：	http://www.sjcbs.cn
经 销 者：	新华书店
承 印 者：	山西印美文化科技有限公司
开　　本：	787mm×1092mm　1/16
印　　张：	14
字　　数：	220千字
版　　次：	2022年10月　第1版
印　　次：	2024年1月　第1次印刷
书　　号：	ISBN 978-7-5457-2574-2
定　　价：	59.00元

如有印装质量问题，请与本社发行部联系　电话：0351-4922268

《尖草坪区文史资料》编委会

序

　　久闻郝岳才同志对中华优秀体统文化兴致广泛，尤对傅山文化钟爱有加。从 20 世纪 90 年代始，三十多年来，他不仅倾心学术问题研究，陆续在报刊发表文章，而且在收集整理和考证有关傅山文献方面，与同辈人相比，钻研得更深，"抠切"得更细，甚至对民间流传的趣闻轶事也弄清楚来龙去脉、子午卯酉。据此。我早盼他加入傅山学社，或可托付重担。直到 2022 年纪念傅山先生诞辰 415 周年之际，我才与岳才同志见面，畅谈之后，了解到他已经有 20 多篇涉及傅山文化的考证文章，遂决定尽快为其整理成册并出版。后经学社办会议研究决定，由岳才同志正式接任《傅山论坛》主编。

　　此番正式编辑出版他的部分考证文集，考虑到书中收入的佚文有的尚未见于以往诸版《霜红龛集》以及《傅山全书》，且一半以上篇目来自于《傅眉杂录》，便把书名定为《龛外霜叶红——抄本〈傅眉杂录〉考略及其他》。学社如此举措，一则为了丰富傅山学社成立十多年来业已建立起来的傅山文化传习"文库"，二则也是为了更好地坚持"开门办社"方针，更加广泛吸收社会各界，特别是有志于研习传承傅山文化的青年才俊，只要有好的研究成果，学社愿继续为诸君结集出版文集。

仅从本次出版的"岳才考证文集"价值来看，我以为至少有以下几点值得赞许。

其一，"傅癖"之味很浓。岳才自己常说，或许染上了"傅癖"。22篇文章篇篇都能感受到田野调查的气息，都能感受到不仅仅是精力还包括财力的巨大投入。三十多年，他行走于三晋大地，或借工作之便，或利用节假日，所到之处都会搜寻傅山先生的足迹，没有一点"傅癖"是难以做到的。比如，为考证《不为大常住勔哉之碑》，他曾两次沿傅山先生足迹，从平遥十里铺栖真庵前往沁源灵空山。早在1992年5月，就利用工作之便探访了傅山当年常去的中阳县柏窊山，并考证碑石。读万卷书还需行万里路，这是特别难能可贵的。

其二，辑佚之力很勤。岳才自谦，将自己的工作定位于"为傅山研究搜集一些新资料"，自认为还谈不上对傅山先生思想有深刻的研究，只是利用自己的工作与癖好"拾'佚'补'阙'"。其实"事在躬行方知难"，集傅山文化的资料，此乃傅山研究的基础与关键，无论过去还是现在，都不是一件容易的工作。傅山先生"咳唾珠玉"，哪怕片言只语都殊为珍贵，然而鉴于当时的社会背景，有许多散落于广阔民间。今天要收寻，没有大海捞针的决心，没有博览群书的积累，没有抽丝剥茧的匠人精神，恐怕很难有所收获！

其三，治学可谓严谨。22篇文章或长或短，或大题材或小切口，知之者解之，不知者存疑，始终以证据说话，体现了岳才严谨慎重的治学作风。据此而分类编排，双重证据支撑，考证结论令人信服的文章归入"史海钩沉"；仅存孤证或双重证据不足，备为一说留待补充的文章归入"郢书燕说"；传说属性较强，糅文学与考据为一体，以备参考的文章归入"姑妄言之"。意用有别，一目了然。

借用唐朝韩愈先生的诗——"天街小雨润如酥，草色遥看近却无。最是一年春好处，绝胜烟柳满皇都。莫道官忙身老大，即无年少逐春心。凭君先到江头看，柳色如今深未深"——也许能给我们以新的启迪。

拥茶展卷，奇文共享，总有一份令人欣慰的美好！衷心希望岳才秉持初心、驰而不息，在傅山文献的搜集整理与考证方面长驱直入，多做贡献！也希望更多有志于傅山、傅学研究的同道，其研究成果源源不断！

上述言语亦可代为序言。

傅山学社社长 范世康

草于 2023 年岁末

自 序

  我生长于平遥乡村，十七岁始离乡赴并，随身书册有二，一是作为字帖的清代乡人墓志铭，二是家传的《傅青主女科》。尽管其后所学所为皆财经货殖，但于文史研究始终保持了浓厚兴趣。1984年订阅《晋阳学刊》后，又得到创刊以来合订本，对傅山研究的兴趣即始于同年8月中旬举办的首次"傅山学术讨论会"。《晋阳学刊》陆续刊载的傅山学术讨论会论文，也便成为我研究傅山的启蒙读物。之后的几十年中，《晋阳学刊》始终是我关注傅山研究动态，获取相关研究信息的主要来源。

  或许是受张亦墀、张耀先、张廷鉴、张廷铨与刘霨的启发，乡间田野追寻傅山足迹，搜罗散落民间乃至地方文献中有关傅山的资料，几乎贯穿于自己几十年的职业生涯与生活中。太原城郊的西村、崛峒山、土堂、窦大夫祠、松庄等傅山曾居地自不待言，大凡省内与傅山关联之地，我也都设法寻访。记得 1992 年 4 月，曾在中阳柏窊山得见介石山房以及漫漶的碑迹。也曾数往平定，登狮脑冠山，寻禅岩蒲台，触景生情体味《冠山婆碣》中的故事。为考证《不为大常住劂哉之碑》与《惠济桥碑记》，曾先后两次沿着傅山足迹，从平遥十里铺栖真庵向南，一直到灵空山（先师山）。记得 1990 年代中期，在太原市建设路、并州路山西人民出版社晋版书销售门市部，曾先后折价购得五套初版《傅山全书》及若干册《傅山研究文集》，并分赠同道好友。记得曾经因一篇傅山佚文《白衣山人传》而购买一套民国《文安县志》，也曾为一套《王刊傅青主集》不惜自身收入难以支撑的花费，还为一套民国元年阳曲高等小学堂版《霜红龛集备存》交换出若干爱不释手的清代地方志书。

无奈总是有的，不是每次寻访都有收获，也不止一次为傅山、傅眉款书画赝品上当受骗，吃尽苦头。不知不觉间，似乎也染上了"傅癖"，为得到一茎虎须，不惜好茶好酒求助于动物园工作人员。今天看来，得失皆成旧事，也成为同道间笑谈，但不仅无有遗憾，而且自以为快事，津津乐道。几十年来，由于自身所学所为与所乐所好并无交集，尤其是学养学识不及，只能将读书所感所得记之笔记，写些小文。记得2014年初冬写成《傅山款"数飞"匾额试探》一文时，恰巧搬入高层新居不久，遂将书斋更名"习巢"。欣喜之余说与张颔先生，先生于九十五岁生日当天下午即欣然命笔，为我收集研究傅山文献再添动力。

退出职业生涯后不久的2020年12月，还未及调整状态，好友收藏家宋庆林高价收得《傅眉杂录》两册，据云为故家老宅墙壁中藏物，嘱为鉴定。当时，从较为熟悉的《不为大常住勘哉之碑》"后记"入手，辨证"王安国"与"王安石"人名，对照《山右石刻丛编》卷十五《威胜军绵上县移建天齐仁圣帝庙记》落款之"三班借职监酒税王安国篆额"，证明传世各版《霜红龛集》所收《不为大常住勘哉之碑》"后记"中之"王安石"，均为"王安国"之误录，由此鉴定了两册《傅眉杂录》的真伪，同时也纠正了传世各版《霜红龛集》之讹误。之后的一年多时间里，魂牵梦绕，陶醉于《傅眉杂录》及所收集傅山文献资料的甄别考证中，陆续写成文字，刊发于《山西晚报》《文博山西》等大众媒体，与研究者共享傅山文献资料，也期待大众更多地了解傅山先生。

　　2022 年是傅山先生诞辰 415 周年及傅山学社成立 10
周年，承蒙曾任太原市副市长，市委常委、宣传部部长的
傅山学社社长范世康先生厚爱，将二十二篇有关傅山的文
字结集成册，总名之《龛外霜叶红——抄本〈傅眉杂录〉
考略及其他》，对我来说，是鞭策，是鼓励，更是责任，
唯有尽心竭力，不负嘱托，亦不负近四十年来对傅山先生
的一片痴心。

郝岳才

目 录

野书燕说卷

史海钩沉卷

龛外霜叶红

傅山研究再添新资料

——抄本《傅眉杂录》考略

《傅眉杂录》发现时原样

2020年岁末，两册《傅眉杂录》在民间被发现，为藏家宋庆林先生收藏。封面均楷书《傅眉杂录》，蓝色细绢，内页用麻黄纸，高26厘米，宽17.5厘米。第一册计39筒子页，收文34篇（条）；第二册书根有"傅山杂文"字样，计30筒子页，收文49篇（条），并附录27家寄赠挽悼怀仰傅山诗作，以及请入乡贤三立文与府县儒学结、里民结、绅衿结、合省诸生结。两册中文字多为楷书，间有行草，多数篇目上方有行书眉批，个别文章不全，有头无尾或有尾无头。从封面、用纸与用墨等物理材料分析，《傅眉杂录》为百年前旧物。从所录文字信息考究，仅收录的《不为大常住勘哉之碑》后记中"王安国"一名即可证明该两册《傅眉杂录》的真伪。

《傅眉杂录》第一册中收录有《不为大常住勘哉之碑》碑文及后记，从现有存世资料分析，乾隆十二年（1747）张耀先刻本《霜红龛集》并未收录，直到咸丰四年（1854）刘霨刻本《霜红龛集备存》才补入。《不为大常住勘哉之碑》康熙十九年（1680）庚申始立于京蜀大官道平遥县十里铺栖真庵，碑早佚，但碑拓仍存于世，碑文收录于清康熙四十五年（1706）与光绪八年（1882）《平遥县志》中。由于碑文为八分兼篆体，文作俳体而奥隐多，且大藏微言，文字释读上小有差异，但尚有碑拓辨析依据。但不论碑拓还是清代两版《平遥县志》都无有后记，后记最早出自刘本，实际源自张廷鉴、张廷铨所辑《霜红龛拾遗》，而《霜红龛拾遗》又源于傅山五世孙傅履巽抄本。之后的丁宝铨刻本《霜红龛集》等版本均沿袭了刘本。后记中最显眼的文字是"王安石"人名，记曰："二十里而为古绵上，薄有川面，为宋绵上县也。有道观，有介子推庙，有北宋碑，碑有王安石名。"[1]此段文字中的"王安石"一名，在《傅眉杂录》中录为"王安国"。是"刘本"

《傅眉杂录》之
《不为大常住勘哉之碑》书影

---

① （清）罗振玉等编. 霜红龛集. 宣统三年木刻本. 集廿一 P8.

《傅眉杂录》之《不为大常住勘哉之碑》书影

以后的传本、传刻有误，还是《傅眉杂录》中错录，只要比对沁源绵上北宋碑刻便可辨讹。尽管沁源绵上北宋碑已不知去向，甚至连历代存世的《沁源县志》也未能录全碑文，所幸清末胡聘之《山右石刻丛编》全碑文收录，得以比对。《山右石刻丛编》卷十五《威胜军绵上县移建天齐仁圣帝庙记》落款处明确记载"三班借职监酒税王安国篆额"①。事实胜于雄辩，宋人"三班借职监酒税王安国"被《霜红龛集备存》后记中误录为"王安石"，一字之差却张冠李戴，讹传百余年。

全面考证对比《傅眉杂录》与存世张本、刘本、丁本及王晋荣刻本《霜红龛集》乃至《傅山全书》，《傅眉杂录》中他本未曾收入的篇目有：《穿吃醋叙》《三百生跋》《儒有满师藩者》《屈先生创一离骚》《谚有云百年难遇岁朝春》《邀向时读史》《知而忘情能而不为》《文章已属小技况临池小之小者》

① （清）胡聘之编撰.山右石刻丛编.光绪二十七年木刻本.卷十五 P31.

《人再索老夫鸳书辄云》等十余篇；附录中未被收录的诗歌有：尔祥《贺公他先生诞曾孙》、未具姓名者《久慕傅公名而未一面》、古蔚后学李振藻《里言恭挽青翁傅老先生》、范阳晚学杜郊《尚忆莺花圆教游》、汾阳胡庭《观青主先生摩蔡中郎碑》，以及《县府儒学结》《里民结》《绅衿结》与《合省诸生结》。即便是收录者也多有差异，或字异、或文阙。

《穿吃醋叙》《三百生跋》《儒有满师藩者》三文，《霜红龛集》各版均无，眉批皆有"宜删除"字样，恰与"霜红龛集备存例言"中刘霳所记"传奇亦多，世传《骄其妻妾》《八仙庆寿》诸曲，《穿吃醋》止传序文，又有《红罗梦》，语少含蓄，古娱一见即投诸火，诗文有类此者，概不收录"吻合。"霜红龛集备存例言"还指出，"先生五世孙履巽顺庵取其家所有者，抄十余本，静生拾遗得此为多。"由此可见，《傅眉杂录》当为道光间张廷鉴、张廷铨《霜红龛拾遗》底本，且直接来自傅履巽。

《傅眉杂录》有，而他刻本无有，或存在差异的文字，对傅山研究均有较高参考价值。

一、关于傅山生前是否四世同堂的问题

从刘本《霜红龛集备存》十八卷刘霳手记可以看出，傅山曾孙傅鼎安曾抄录青主诗文，但不知他生于何年，傅山生前是否四世同堂。观《傅眉杂录》后附诗文，尔祥有《贺公他先生诞曾孙》一诗："汾津天降五花文，四世云孙笑语亲。老人绰约凌姑射，儿姓缠联玉树青。"该诗张本、刘本、丁本、王本乃至《傅山全书》均无。考尔祥其人，应为太原县康熙二十八年（1689）贡生王尔祥。王尔祥，字吉人，号瑞堂，《太原县志》有名，《晋祠志》有传，雍正《太原县志》艺文中录其诗两首，与李中馥四子李廉友善，廉字鹤公，有《蚓操集》《鹤公诗草》，二人间有诗歌唱和。王尔祥为李廉友，李廉为李中馥四子，李中馥为傅山同道密友，还是儿女亲家，长子娶傅山胞侄女，五女嫁傅襄为妻殉情。可见王尔祥之《贺公他先生诞曾孙》可信，傅山生前即已四世同堂，至于出自莲苏或莲宝则不好断定，也许就是傅鼎安。

二、关于傅山从祀三立祠与乡贤祠的问题

乾隆十二年（1747）《忻州志》卷四《人物志》首记《青主从祀三立祠》，说明此前已获准。学宪高某有傅征君入乡贤、三立批文："前贤硕果，盛世遗民……如详行学，置主送祠。"（《仙儒外纪》卷八）丁谱案："先生入祀三立祠亦不知在何年，提学高亦不著其名。考康熙二十四年（1685）山西提学为高龙光，四十八年（1709）提学为高其倬，不知果为谁也。"道光二十三年（1843）《阳曲县志》卷三《建制图》记曰"青主入祀阳曲县学宫乡贤祠"，丁谱案："先生祀乡贤不知在何年"。关于学宪高某傅征君入乡贤、三立批文，张廷鉴、张廷铨《霜红龛拾遗》中有录，即《傅山全书》附录三中"请入乡贤三立"，但对比《傅眉杂录》，多出以下文字："直垂羽经翼传之功，宁仅立身制行之业。由是山川罔间，争趋扬子之门；既而声气遍通，愿执李公之御。合三教而卫道，并四训以育英。生则遐迩登龙，殁则远近会葬。此马文忠公所以有《山右义士传》，而州郡皆久奉为道学之宗也。五常克备，三立堪旌。""以发幽光，以正矜式，其有裨于名教风化不小矣。"不仅如此，《傅眉杂录》中，还录有《府县儒学结》《里民结》《绅衿结》《合省诸生结》全部内容，而《霜红龛拾遗》与《傅山全书》中无有。尽管从《傅眉杂录》上列内容中仍难以断定傅山从祀乡贤祠与三立祠的具体时间，但可补《请入乡贤三立》文字，以及《府县儒学结》《里民结》《绅衿结》《合省诸生结》的全部内容。

三、关于傅山与《红罗镜》等戏曲的问题

直到民国二十三年（1934），散曲《红罗镜》是否为傅山创作，一直是一个争论不休的悬案。前曾述及，道光年间，张廷鉴广收傅山著述，哪怕是片言只字。曾得傅履巽家藏抄本，但刊本未成即死去。其弟张廷铨继之，与刘霡努力四十年，后由刘霡辑成稿本四十卷《霜红龛集备存》。在整理甄别过程中，张廷铨对一些"语少含蓄"的"奇文"采取了删除态度，世传《骄其妻妾》《八仙庆寿》《红罗梦》诸曲，概不收录，一投诸火。散曲《穿吃醋》也止传序文。幸运的是，1934年介休薛凤仪（字桐威）在原籍故家得《红罗镜》旧抄本，并附《齐人乞食》《八仙庆寿》，题曰"阳曲傅山青主著，五世孙履巽顺庵辑"。其时太原学术界常赞春、田九德、张赤帜怂恿马鑫，由《晋商日报》发表，并汇印三十二开单行本一百部。同年八月，张赤帜重印一百部，改为十六开本行世。《傅山全集》中所收《红罗镜序》即据此本录入。对于《红罗镜》诸曲是否为傅山作品，陈监先先生从曲中人物、方言用词与地理名称等方面分析，作出肯定的结论。《傅眉杂录》所录《红罗镜序》《穿吃醋叙》《三百生跋》《昆山小梨园丑儿》，皆为研究傅山与戏曲不可多得的重要资料。《红罗镜序》有"大戏场维摩曰：功当成，好事业不必假好人手；缘当合，好风流不必辄好人收；名当传，好文章不必出好人口。用世大贤，看取〈红罗镜〉可也。"《穿吃醋叙》有"穿吃醋者，不知何许一穷措大客仇犹时即事戏作也。措大喜谑而能歌，每歌辄哭，人不知其哭也，而但见其歌。有两生者，从措大学歌，措大不拒也，而两生遂不理于口，措大乃谑，而为此醋酸也。"《三百生跋》有"记为戏场中第一传奇，序复古今来第一文字，词曲居然元矣，而白则元人之所未有，可劝、可戒、可哭、可歌，直是一部拍板扮演春秋，谁谓传奇不经不史不子也。"《昆山小梨园丑儿》有"昆山小梨园丑儿，即东新院通镇隔山弟也。一母为生一僧一子弟，大强如生小对俗人。僧既可以出世，而梨园子亦能以音声悟人，如清凉祖师，岂不大奇！前见演西施者，无如雁门阿禄，禄宁夏人，已奇矣，而丑又太原人，其声音难转，十倍宁，而竟能转过，是亦舌根具慧性者，不偶然，不偶然。"《三百生跋》外，三篇序文文脉相承，傅山笔法无疑。

限于篇幅，这里不再逐篇赘述其价值。

综上可知，新近发现的《傅眉杂录》不仅是真本，而且是珍本，为傅山研究再添新资料。

《傅眉杂录》篇目及眉批分类一览（第一册）

序号	眉批	篇　　目	备注
1		红土沟白云寺茶毗羊记	
2		狐大夫庙记	
3		重修乐亭记 迎神 送神	
4		不为大常住勘哉之碑	
5		醉白堂记	
6		红土沟天泽和尚小塔前碑记	
7	再查校	净明院小碣	
8		藏山弁言	
9		五惜社疏	
10		老僧衣社疏 壬午七月十一日□附记	
11		西村三官募缘	
12		崛峒募缘	
13		王二弥先生遗藁序	
14		易疑叙	
15		叙傅史抄	
16		两汉书人名韵叙	
17		红罗镜序	

续 表

序号	眉批	篇 目	备注
18		叙灵感梓经	
19	以下二条宜删	穿吃醋叙	诸本无
20		三百生跋	诸本无
21		抄高士传题辞	
22		题宋元名人绘绩	
23	书札	与右玄书册	
24		补镌宝贤堂帖跋	
25	绛帖跋	壬子从河东王府王孙得绛帖	
26	圣教序跋	旧拓圣教序	
27	书札	与雪峰书	
28	书札	赠太原段孔佳	
29	书札	与居实书	
30	书札	遗书汝翁	
31	书札	寄洪宇	
32	学解	理本从玉	
33	礼解	人有父死而哀毁庐墓	
34	此条宜删 礼解	儒有满师藩者好礼	诸本无

《傅眉杂录》篇目及眉批分类一览 <small>(第二册)</small>

序号	眉批	篇　目	备注
1	书	黄帝七辅	
2	书	庚桑楚篇	
3	书	西蜀范州隐云	
4	字解	肥字可厌	
5	人	桓荄曰刻画之道	
6	人	卫人嫁其子而教之曰	
7	人略	梅福居家常以读书养性为事	
8	书	皇甫谧飘逸士传	诸本无
9	人	屈先生创一离骚	
10		长天臂痛	
11	人	天生丈人来自燕	
12	人	又说轻薄子	
13	人论	客冬卧病慈明庵	
14		崑山小梨园	诸本无
15	杂书	高齐时所谓促律忽塔	
16	杂书	河漏鸡汤	
17	人论	矮人观场	
18	人论	白果本自佳果	
19	人论	又一山贡士寒夜来吾书房	
20	杂书	谚有云百年难遇岁朝春	诸本无

续　表

序号	眉批	篇　目	备注
21	书论略	今人读秋声赋	
22	字解	砭字悲念切	
23	人论略	韩魏公说到小人忘恩处	
24	杂书	天下虚心人莫过我	
25	杂书	无耳性人	
26	人略	韩康伯休卖药不二价	
27	札	寄洪字	
28	家训	邀向尝读史日七八十叶	诸本无
29	人略	汾州一老生好言	
30	书论略	常读张睢阳传	
31	杂书	知而忘情能而不为	诸本无
32	杂书	名也者响也	
33	仕训	仕不惟非其时不得轻出	
34	仕训	仕之一字绝不可轻言	
35	文训	书西岗君墓志后	
36	字训	太原士夫家墓志构名笔书者	
37		先曾祖之结婳王府也	
38		从姊七房兄	诸本无
39		十六字格言	
40	文训	大卤城中治古文而读古书者	

续 表

序号	眉批	篇　　目	备注
41	文训	六十年来曾见休宁黄朝聘	
42	字训	晋中名能书者	
43	字训	字亦何与人事政	
44	字训	字与文不同者	
45	字训	文章已属小技况临池	诸本无
46	字训	人再索老夫鹜书辄云	诸本无
47		通省诸生公揭共一百零三人	
48		山西通省诸生上各院公呈稿	诸本无
49		因人私记（局部"之而楚王孙梓行之"至"不胜载亦不载也"）	
50	至此书至另人抄傅山	二十七人赠挽诗（略）	后文《异人为谁先生是——仅见于傅眉杂录的五首挽诗》详列
51		学宪高某"傅征君入乡贤三立批"	较他本更详
52		府县儒学结	诸本无
53		里民结	诸本无
54		绅衿结	诸本无
55		合省诸生结	诸本无

长歆俎豆，永树楷模

——傅山入祀乡贤、三立祠考

在中国漫长的封建时代，文庙初为祭祀孔子的庙宇建筑，但早已发展成为宣扬文教的重要场所。作为文庙重要附属建筑的名宦祠与乡贤祠，也同时成为地方祭祀的重要场合，对于扬善惩恶、劝风引俗、稳定社会，乃至教化百姓、扶风辅政、崇德报功等方面有着极其特殊的作用。其中乡贤祠在扶翼圣门、彰显人伦、激励后人追崇和化民导俗等方面，教化作用更为突出，应运而生的乡贤入祀制度也成为国家祭祀典章之重要补充。明清以来，不仅设置有乡贤入祀的专门管理机构，不断规范程序，而且具体到在任官员直系禁入、申请入祀者殁后需有 30 年以上的时间等都一一予以明确，甚至还衍生出针对造假行为的惩戒制度。可谓制度完备，流程完善，非高风亮节且名副其实足为一代楷模者莫能入祀享祭。

如此而言，傅山先生入祀自然实至名归且众望所归。然而尽管傅山入祀乡贤与三立祠历史上并无疑义，但由于文献缺乏，其具体时间及相关程序等问题，至今悬而未决。

旧有文献关于傅山入祀乡贤、三立祠记载甚少,仅见乾隆十二年(1747)《忻州志》卷四《人物》记:《青主从祀三立祠》;道光二十三年(1843)《阳曲县志》卷三《建置图》记:青主"入祀阳曲县学乡贤祠"。在《傅青主先生年谱》中,罗振玉也仅列刘霨《仙儒外纪》所载学宪高某"傅征君入乡贤三立批",惋叹无法断定具体入祀时间,并留下疑问:"先生入祀三立祠亦不知在何年,提学高亦不著其名。考康熙二十四年(1685)山西提学为高龙光,四十八年(1709)提学为高其倬,不知果为谁也。""先生祀乡贤不知在何年。"

本文即结合新近发见之重要资料,对此问题略作梳理与考证。

一、关于傅山入祀流程之梳理

新近发见的《傅眉杂录》中,完整保存了傅山入祀乡贤、三立祠之《知府看语》《府县儒学结》《里民结》《绅衿结》《合省诸生结》等文献资料,不仅可以全面呈现傅山入祀乡贤与三立祠的文书与程序,同时对解读傅山入祀乡贤与三立祠极具参考价值。

其文书与程序如下:

其一,傅莲苏《傅征君事实》、道光《阳曲县志》所录《征君事实》(从略)

其二,绅衿结

少负文章,长敦节义。时时勤圣经贤传,不羡鼎食重茵;念念笃子孝臣忠,惟知安贫乐道。志绝俗学,道本正宗。儒林之梁栋匪遥,学海之渊源独重。人有彝好,士无间言。

其三,里民结

青年入泮,皓首穷经。节义出于至情,孝弟本于天性。真儒再见,实学堪垂。

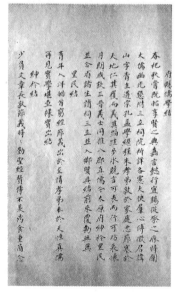

《傅眉杂录》之《府县儒学结》
《里民结》《绅衿结》书影

据实出结。

其四，合省诸生结

风节可师，言行足式。请祠三立书院，并入乡贤，以励人心，以维风化。

傅征君，讳山，字青主。蚤厌举业，惟勤性命之功；矢志圣贤，独守程朱之学。以畏天命为宗旨，以明人伦为力行。以诚仁为体，以主敬为功。辨异端则毫厘必析，辟俗学则源流一清。此诚四海真儒，宁仅山右义士？

荷蒙学宪调取书院读书，阖省诸生会集，阅有征君讲学著述，真堪模范，佥欲表扬。

《傅眉杂录》之
《合省诸生结》书影

其五，府县儒学结

春祀秋尝，既昭享贤之典；嘉言懿行，宜锡从祭之麻。特阐大儒幽光，恳附三立祠院。祈详各宪，大快群心。

傅征君，讳山，字青主，道宗孔孟，学继程朱。孝弟敦于家庭，忠节塞于天地。仁其履而义其蹈，跬步冰竞；言可表而行可坊，衷怀月朗。咸钦三晋义士，同推八郡真儒。

今太原府绅衿、里民并合省诸生，请祠三立，并入乡贤。

具结前来，覆勘无异。

其六，知府看语

傅征君讳山字青主者，始籍岭后，家声起自明经；继隶晋阳，世业开成甲第。种德有自，家学有源。

身生于离垢严君，绕膝已见圭璋之器；名成于太青学宪，脱颖即昭

《傅眉杂录》之
《知府看语》书影

云汉之章。自少而入黌宫，挥古文于时艺；及壮而甘泌水，阐道学于儒宗。遭闯逆而弃衿，节堪励俗；鼓盆变而不娶，义可维风。羞曳裾于侯门，乐逍遥于蓬户。忧父疾而祷灵药，至孝竟通于神明；痛弟逝而抚遗孤，仁爱尚存于族党。剖内经以靖众，工绘事而怡情。书法驾二王，遗有《啬庐》《阴骘》等帖；道法承三圣，著有经史辨释诸条。白袁公之冤，以致群英惊佩；辞台班之荐，奉有谕旨褒嘉。直垂羽经翼传之功，宁仅立身制行之业。由是山川罔间，争趋扬子之门；既而声气遍通，愿执李公之御。合三教而卫道，并四训以育英。生则遐迩登龙，殁则远近会葬。此马文忠公所以有《山右义士传》，而州郡皆久奉为道学之宗也。五常克备，三立堪旌。

今据士民公举情殷，不敢隐其贤哲。所宜亟请崇祀乡贤，并列三立，长歆俎豆，永树楷模，以发幽光，以正衿式，其有裨于名教风化不小矣。

其七，学宪高某"傅征君入乡贤三立批"

批云：前贤硕果，圣世逸民。至性深情，既无亏于孝弟；惊才绝学，复擅誉于文章。非坐部之遗弦，秘余音而不鼓；讵立仗之选骏，伏旧枥以长休。子龙未是佣人，早栖梁砀；表圣独饶野态，终古王官。杏尔虚舟，溯东流之河海；孑然条肄，留西土之榛苓。癖泉石而傲烟霞，人识路旁之屦；下巢由而上尧舜，天回轮底之蒲。溯梗概则雪冷云孤，挹流风则川长岳峻。可谓晋中一个，无惭阁上诸贤。如详行学，置主送祠。

对比清康熙二十八年（1689）补刻版万历《怀仁县志》记载的魏正心入祀乡贤文书与程序，大同小异，均印证了《钦定大清会典》中的记载，即，首先由本地州县生员、本地县乡保人向州县公举递送呈文（呈文中须列出入祀人物履历、事迹）；其次由本州县复查后向本府提出申请；再次由本府复查后上报省布政使司；再次由省督学院核实后上报礼部；再次由礼部复核后再由督学院或礼部下发同意入祀乡贤祠批文；最终由本州县请获批乡贤牌位入祀乡贤祠。

二、关于傅山入祀时间之考证

魏正心入祀乡贤祠的最终批文为学道副使高批："故宦魏正心，赋性仁厚，克敦孝友，正谊乐道，懿行多端，舆论既孚，允宜从祀，祀府县乡贤。"[①]其时怀仁县教谕为吴崇光、训导为崔龄介、知县为石佳彝，大同知府为周梦熊。吴崇光、崔龄介，约康熙二十年（1681）至三十年（1691）间在任怀仁县儒学教谕与儒学训导。石佳彝，康熙二十年（1681）至二十五年（1686）任怀仁县知县。再对照《大同府志》与《清实录》，康熙间大同知府仅一人周姓，即镶白旗人副贡周梦熊，康熙二十一年（1682）至二十八年（1689）在任。而与周梦熊交叉任职的山西学道副使为高龙光，康熙二十三年（1684）十二月十九日由江南镇江府知府升任山西按察使司副使、提督学政。可以推断，魏正心入祀乡贤祠的时间当在怀仁知县、大同知府与山西学道副使任职时间交叉的康熙二十三（1684）至二十五年（1686）间。

据此，综合分析新近发见的《傅眉杂录》中傅山入祀乡贤、三立祠《知府看语》《府县儒学结》《里民结》《绅衿结》《合省诸生结》，刘霱《仙儒外

---

① 故宫博物院编 . 故宫珍本丛刊第 77 册：山西府州县志第一册（影印万历《怀仁县志》康熙补刻本）. 海口：海南出版社 .2001 年 6 月第 1 版 .p19.

纪》所载学宪高某"傅征君入乡贤三立批",王又朴《诗礼堂杂纂》,邓之诚《骨董琐记》,乃至《阳曲县志》之《征君事实》,傅莲苏《傅征君事实》,基本可以推算出傅山入祀乡贤与三立祠的时间,即康熙四十八年(1709)二月至五十一年(1712)二月高其倬出任山西提督学政期间。其佐证有三:

其一,生前已是言行楷模,无须破例入祀乡贤

入清以后,乡贤入祀一般都在身殁30年后方允许呈文申报,而且几成惯例。光绪五年(1879)更是将此惯例官宣为制度,"凡请入祀名宦、乡贤者,须俟其人身殁三十年后,方准具题核办,若未及三十年,无论子孙有无现任九卿,概不准遽行题请,以杜冒滥。"据此分析,傅山在康熙二十三年(1684)去世,无须破例在康熙二十三年(1684)十二月至二十六年(1687)十二月高龙光任山西按察司副使、提督学政间入祀乡贤祠与三立祠。

尽管康熙年间也曾有例外,如河南柘城壬子年举人窦克勤即是在殁后第二年入祀名宦祠。但所有例外,皆事出有因,且多为后世诟病。傅山经世致用,经子皆参,博学宏儒,悬壶民间,更具影响,相比于窦克勤,更有着广泛的百姓基础,深受当地官绅百姓爱戴,生前已是楷模,无须破例入祀。

其二,山西政坛发生骤变,无暇顾及入祀事项

据邓之诚《骨董三记》卷五引述王又朴《诗礼堂杂纂》傅青主轶事,述傅山被迫往京应博学鸿词科,"归五年而子眉卒,先生哭之恸,不食数日亦卒。然余在晋闻傅之祸缘于晋臬某(失其名),为求书母寿序,傅不可。亲求之,傅延入与语,嫌其过俗,旋起入舍,久不出。某令吏侦之,则傅由舍后出,解衣磅礴林间,某大怒,径去,伺间为飞语中之。而张生未之详,不知确否。"①该段文字出自王又朴,所及傅山卒前晋臬某,其实就是康熙十八年(1679)六

---

① (清)王又朴纂.诗礼堂杂纂.诗礼堂版藏.卷上p50-51.

月至二十四年（1685）十月在任山西按察司按察使满洲人库尔喀，而其时提督学政高龙光为山西按察司副使。可以推想，即便县府发起对傅山的入祀申请，高龙光也不会不顾及库尔喀情面与威严，况且康熙二十四年（1685）山西政坛发生骤变，因巡抚慕尔赛贪腐，巡抚、布政使、按察使纷纷易人，到康熙二十五年（1686），巡抚、布政使、学政又再行调整。这样的背景下，断不会启动傅山入祀乡贤、三立流程，更谈不上审批。

其三，学道、学宪职官名谓不同，可为年代划界依据

康熙二十三年（1684）十二月十八日，山西道御史张集疏言："学道一官，为国家文教所系，应令九卿会同保举，择其清廉素著、夙有文望着列名上请，恭候简用，毋得但循资俸掣签，庶衡文者得其人，而海内仰右文之化矣。"诏下九卿、詹事、科道等会议，乃停论俸补授之例。并定顺天学政、江南、浙江学政外，其余各省学道缺，将应升之五部郎中及参议道、知府等官选择开列请用。自康熙三十九年（1700）后，各省学差，定翰林官与部属官并用，不拘省分，凡由翰林、科、道出身选补者，即为学院；凡由部属各官开列者，则为学道。雍正四年后形成定制，各省督学皆改为学院，其以部属简任者，依出身甲第，各加翰林院编修、检讨衔。

山西学政，在康熙三十九年（1700）前为学道，之后为学院，康熙三十七年（1698）十二月前之学政，均为按察使佥事提调学政，之后则由翰林提督学政。此亦即高龙光与高其倬身份上的差异，前者称"山西按察使司副使、提督学政高龙光"，亦称"学道副使"；而后者称"提督学政翰林院侍讲高其倬"，亦称"学宪"。魏正心由"学道副使高批"，指高龙光；傅山由"学宪高批"，无疑指高其倬。

长歆俎豆，永树楷模。傅山先生去世已300多年，虽乡贤、三立祠无存，但从当时里民、仕子、诸生、缙绅、官员的推荐书中，笔者仍能感受到后人对前贤的怀念与尊崇，进而遐想祭奠大礼之隆重，并以此文表达敬仰之心。

傅山"伏阙讼冤"文献新探

"伏阙讼冤"是一件著名历史事件,当时正值壮年的傅山率领百余名学生徒步进京为恩师袁继咸鸣冤,举国震惊,先生也由此名闻天下。此事与其中年参与秘密反清之"红衣道人案"、老年"博学鸿词"拒官,都是研究傅山思想的名场面。"伏阙讼冤"事发明末,学术界普遍认为该事件实际上是东林、复社势力同宦党势力斗争的一个组成部分,也是一次启蒙性的学生运动。关于"伏阙讼冤"的文字记录,先有马世奇《山右二义士传》,后有傅山《因人私记》,从崇祯九年(1636)十月中袁继咸被诬陷送京勘问,山西四府诸生陆续往京讼冤,一直到崇祯十年(1637)闰四月袁继咸昭雪,从主客观两个维度作了较为详细完整的记述。结合山西博物院藏《因人私记》手稿本,《霜红龛集》刘、丁、王各本中的较多异文,以及新近发见《傅眉杂录》中的若干相关补充文献和清乾隆间王又朴相关记述等资料,笔者认为"伏阙讼冤"诸多细节仍有发掘价值及讨论余地。

一、《傅眉杂录》新见之"呈稿"可补充历史文献

"伏阙讼冤"经历了三个阶段,起初是崇祯九年(1636)十一月初到冬至

向通政司上疏,其后是同年十二月到次年初诸生向在京大小衙门乱投揭帖,最终是崇祯十年（1637）正、二月间诸生每夜往朝房门外候阁老投揭。在这一过程中,公呈稿由王予珏属傅山草书稿,傅山起罢《山西通省诸生上各部院公呈稿》,又由丁时学修饰合式,列诸名百余人。王予珏与傅山为本头,投通政司。在《傅眉杂录》现世前,《山西通省诸生上各部院公呈稿》只闻其名,未见其文。

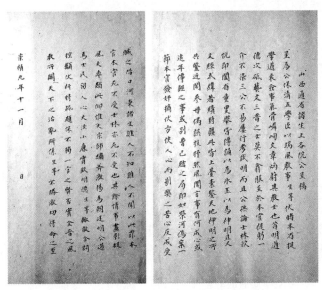

《傅眉杂录》之《山西通省诸生上各院公呈稿》书影

山西通省诸生上各院公呈稿

呈：为公保清正学臣,以端风教事。生等伏睹本省提学道袁金事气骨嶙峋,文章炳蔚,其教士也,首明道德,次砥艺文,三晋之士莫不禽服。至于本官砥躬,一介不染,三公不易,屡行考试,明而且公,无论士林欣悦,即阖省童叟举皆传诵,以为冰玉,以为神明,且又文经武纬,著绩封疆。此皆上台素鉴,天地神明之所共鉴。近闻参母偶误投杅,然风闻言事，有何成心，或远年传诬之事，或别曹已结之局。即如荣河伪案一节，本官发奸摘伏，方快人心，而剔弊之苦心，反成受赃之借口。河东诸生谁人不知，谁人不闻？以此罪本官，本官死不受，士林亦死不受也。其余情事画影捉风，大率类此。仰惟大宗师绣斧激扬，为朝廷明公道，为士民留人心，大法小廉，实钦明德。生等辄敢合词控吁，伏祈特疏题保，不独一官之贤否，实全晋之风教所关，天下之治乱所系。生等不胜激切待命之至！

崇祯九年十一月　日

二、《因人私记》描述之"记名"可反映时人百态

袁继咸遭诬本身即是东林、复社势力与宦党势力矛盾斗争的产物，但对于傅山等一批诸生学子，捍卫的是公道与正义，而非党争利益。在揭帖记名的一百零三名人中，尽管前后有所变化，傅山、卢传第、王予珏、周培诜、薛宗周、李凯、刘美、胡来贡、樊巏、荆光国、韩庄、崔嗣达、程康庄、张璞、董绪、杨永宁、白孕彩、李开馨等自始至终参与，也有像王象极、袁九绪、新甄、张凝种等则慑于张孙振等压力，起初勇于列名，而后则求取其名者。限于史料，已无法将当时"伏阙讼冤"一百零三名记名者一一列出，但从历代府县志书中，仍可窥得一鳞半爪的文字记载。

傅山《因人私记》中所涉及者，袁继咸与马世奇双双为大明殉难；揭帖列名者，不论当时自始至终坚持者，还是怕遭受牵连退出者，在明清鼎革之际，绝大多数都保持了文人气节，即便成为贰臣辅佐新朝，也多为清官清流，保持了文人品格。比如薛宗周、曹良直，前者在与清军的晋祠堡作战中战死，后者忠于职守，卒于任上；傅山、白孕彩始终以遗民身份从事从行动到思想上的反清复明；卢传第、新甄、王象极均殉葬前朝。即便是选择出仕新朝的杨永宁、戴廷栻等，也都为廉吏清官。

但这其中，举人卫周祚则是一个特别的存在。

王本《因人私记》中，傅山这样记述："会是科会试举人渐到，曹良直字古遗，复怂恿诸同年上疏，而解元卫周祚畏懦不敢当。"①但鉴于卫周祚与曹良直在三立书院间均为袁继咸所赏识，卫周祚又为解元身份，最终不得不与众人一道为袁继咸上疏讼冤。《明实录》崇祯十年（1637）二月庚辰记载："逮巡按山西御史张孙振。孙振贪秽不职，先诬学臣袁继咸。山西丙子贡生卫周祚等讼其冤，命并逮孙振讯之。继咸守官奉功令，廉介自持，自书卷外无长物，近之推督学政者必称焉。"②李自成攻取北京后，作为京官的卫周祚选择了归顺投降，再后来大顺政权垮台，又服侍于清朝。以气节论，"贰臣"已不足以蔽其辜。

此外，"伏阙讼冤"的蒲州举人韩垍，既是复社成员，却在为袁继咸讼冤上躲躲闪闪，其行为也令人费解。但于傅山本人而言，通过"伏阙讼冤"期间艰难的抗争，京师的所见所闻，乃至围绕袁继咸被诬东林、复社与宦党间的争斗，触动了傅山的思想与思考，也是慈波桂一章督学山西岁试毕因"伏阙讼冤"褒奖傅山，而傅山不愿承受的缘由。也正是如此，傅山不得已而作《因人私记》。

三、《诗礼堂杂纂》记录之"奇计"可丰富事件情节

王又朴《诗礼堂杂纂》卷上记曰："傅道人高节孤标，人皆知之。其逸事云，袁学宪继咸被诬下狱时，傅与同人申救，裹粮入都，上书而纳言不为达传，无如何，乃日于长安市投揭，亦无为上闻者。众客久资尽，傅咨于一乡先达，适座有酒纠，闻其说，乃曰：'此义事，无难处。'出其缠头金帛，值二百以进，且历至王公戚畹府第，从容白

---

① 刘贯文 张海瀛 尹协理主编.傅山全书.太原：山西人民出版社.1991年12月第1版.P594.

② 转引自张梅秀辑录.明实录山西史料汇编.太原：三晋出版社2009年年5月第1版.P831.

其冤。未几，有中官取揭以入，而袁事得雪。此妓近侠，士夫所不如，惜其姓氏不传，傅亦不为表，何也？意傅且逃名，而于此仗剑之红裙，亦欲其迹匿声销，不欲尘世得而窥识耶？余于晋阳遇傅道人孙莲苏，为述此，时年已七十余，犹手录其祖之诗文以遗余，终日不倦，貌古甚，傅先生家风故未坠云。太原张生耀先曰：'酒纠名吴姝。救袁尚有西河诸生薛宗周，锡山马公世奇作《山右二义士传》以美之，拟为汉之裴瑜、魏绍云'。"①

邓之诚《骨董三记》卷五《朱衣道人案》条目转录了王又朴上述文字，惜"吴姝"误为"吴妹"，而唐长孺批注云："不独青主未尝表扬此妓，同时人亦未述及此事者，吴姝之名亦仅见。此妓若能出入王公戚畹府第，必是名妓，此青主后人妆点，不足信。当时力为继咸辨者山西巡抚吴甡，而此妓亦姓吴。"②

酒纠，指饮宴劝酒监酒令的人。唐代无名氏《玉泉子》："命酒纠来要下筹，且吃罚爵。"南宋陆游《老学庵笔记》卷六："苏叔党政和中至东都，见妓称'录事'，太息语廉宣仲曰：'今世一切变古，唐以来旧语尽废，此犹存唐旧为可喜。'前辈谓妓曰'酒纠'，盖谓录事也。"明代沈德符《野获编补遗·畿辅·禁歌妓》："惟藩镇军府例设酒纠以供宴享，名曰营妓。"

由此可见，所谓"奇计"应实有其事，不仅傅山孙傅莲苏未予否定，而且得到傅莲苏学生，也是十余年搜罗傅山诗文并刊刻《霜红龛集》的张耀先肯定，直指酒纠名吴姝，当有一些依据支撑。至于酒纠吴姝所以能至王公戚畹府第，因明代酒纠惟藩镇军府例设。唐长孺所以会有"若能出入王公戚畹府第，必是名妓"的观点，原因在于其对明代酒纠的特殊性未加诠释。在傅山等诸生五次

---

① （清）王又朴纂.诗礼堂杂纂.诗礼堂版藏.卷上 P48.

② 邓之诚著 唐长孺批注.唐长孺批注骨董琐记全编.北京：中华书局.2021年7月北京 第1版.P595.

上疏通政司遭拒的情况下，不得已长安街市拥轿拦马投揭陈情。也就在此间，酒纠吴姝出其缠头金帛资助，而且借助出入王公戚畹府第特殊身份，仗义相助，得以中官取揭。当然，对袁继咸的拨乱反正，以原官起为武昌道，发挥决定性作用的还是山西巡抚吴甡的上疏。明文秉《烈皇小识》卷四如是记："逮山西巡按张孙振。孙振疏参提学袁继咸，继咸素有廉明之誉，巡抚吴甡业保荐之矣。有旨：'以抚按举劾互异，严行诘问！'甡具疏，备陈继咸居官廉明，当荐不当劾，并列孙振不职诸状。时长安哄然，皆不平其事，都察院遂疏参孙振是非颠倒，大负代巡之职，宜行提问以儆官邪。有旨：'孙振逮问，甡与继咸供职如故。'"[①]但在推动袁继咸冤案的昭雪问题上，酒纠吴姝的作用也不应忽视。

傅山等组织的"伏阙讼冤"，诸多研究者认为，是一次带有启蒙色彩的学生运动，明末崇祯十一年（1638）顾杲与顾炎武领衔公讨阮大铖的《留都防乱揭帖》，清末光绪二十一年（1895）康有为领导的"公车上书"，都是傅山等诸生"伏阙讼冤"斗争形式的继续。"伏阙讼冤"本身，对其时及后世的影响很大，但于傅山而言，触动更大。在京师听候刑部审案的崇祯十年（1637）三月，得半月之暇游历西山，并写成《喻都赋》，字里行间处处可见其对国家前途命运的担忧，并寄希望于朝廷确保江山社稷安宁稳固，更对其后来学术思想的形成极具重要意义。

---

① （明）文秉.烈皇小识.北京：北京古籍出版社2002年9月第1版.P131.

傅山《礼解》另有姊妹篇

——被《霜红龛拾遗》删除的儒学反思批判文字

人所共知，傅山先生倡导经子平等，经世致用，反对理学"泥古""义袭""一味版拟"的教条主义、空疏学风、门户纷争与霸道作风。但表达这一思想的文字比较分散，散见于诗赋、书札、杂记，以及诸多经子批注中，较为集中的篇目即《霜红龛拾遗》分类定目为《学解》之《理本从玉》篇，《礼解》之《人有父死而哀毁庐墓》篇，之后的刘本、王本、丁本等版本也多从此编。其实，傅山有关《礼解》的文字还另有姊妹篇，只不过迫于当时的"文字狱"压力，被《霜红龛拾遗》编辑者有意删除。所幸，在新近发现的《傅眉杂录》手抄本中得以保存。

笔者曾撰《傅山研究再添新资料——抄本〈傅眉杂录〉考略》一文，初断《傅眉杂录》为傅山五世孙傅履巽传出之抄本，而且是张廷鉴、张廷铨兄弟嘉道间编辑《霜红龛拾遗》的重要底本。抄本中《理本从玉》与《人有父死而哀毁庐墓》《儒有满师藩者》三篇依次抄录，《理本从玉》篇眉批"学解"，后两篇眉批"礼解"，但《儒有满师藩者》篇眉批另有"此条宜删"四字。也许是慑于"文字狱"，也许是因"语少含蓄"，《人有父死而哀毁庐墓》《理本从玉》分别以《礼解》《学解》为目收入《霜红龛拾遗》及后来的《霜红龛集》诸版本中，而《儒有满师藩者》最终未能入编，由此淡出世人的视线。

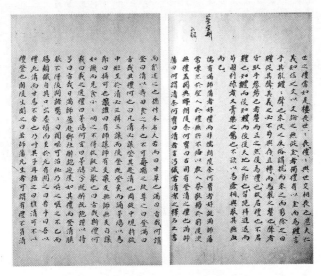

《傅眉杂录》之《儒有满师藩者》书影

儒有满师藩者

儒有满师藩者好礼，而非儒朗陵奈何宝者好诞。满师藩常嗛然于圣人于礼无所不备，以教人恭敬，独于前后溲【按，应为溲】无礼，盖阙典耶！

朗陵奈何宝曰："古固有登清之礼也。"满师藩曰："何谓清？"奈何宝曰："清者，言污秽当清洁之。释名之书尚能述之也，犹艹本名大苦而曰甘草也。"满曰："旨哉！何谓登？"曰："清以寿田，食之本也，不可□【此字漫漶不清】蹯之，故尊之曰登。"满曰："旨哉！其礼何也？"曰："凡清必让登。其赴清也，周旋中规，折旋中矩，至于清，必三揖三让而后登。既登矣，而颂《茅鸱》以为节"。曰："揖，

《傅眉杂录》之《儒有满师藩者》书影

可也。让谁？"曰："有师让师，有友让友，无师无友自让。如饥而见食，小小咽之，不得放饭流歠也。"曰："旨哉！斯礼何载？"曰："载之《逸礼》。"曰："《茅鸱》何言？"曰："茅鸱兮既醉既饱，谨以持兮。"曰："旨哉！"

日，满师藩赴乡社，醉饱廻后，如其礼而登清，䐜胀不得。后问诸医，医曰："闻呕可治秘。"乃呕之。呕之不已，而肠颠，秽自其口出，委顿而至于死。有问之曰："苦乎？"曰："吾以礼死，清而甘焉，不苦也。"乃呼其子耳语之曰："惟清可不以礼登也。"朗陵生闻之曰："若师藩先生者，可谓有礼不负清矣。天下之讲礼而不负清者，有几人哉？"

夫世儒之所谓礼也者，颜色而已。谚曰："三分颜色染大红。"世儒之于颜色，得尧舜之三分，亦大红，下而至于汤，聪勒之三分，亦大红者也，曰："用世之道也。"于是有狎德之儒。狎德之儒，狗儒也。狗儒之说，闻之梅子，梅子者，谓梅子真也。既挂冠去，颇著书，不少莽，讲学大夫见而恶之，遂不传。或得断简焉，有曰："圣人不适为善，不适为恶，当其为恶之时，中圣人之恶者，恶圣人，圣人不辞也。"讲学大夫曰："此非圣乱世之言也矣。"梅先生曰："世不能终治，圣人不得不恶。汤武不兴，桀纣不亡，昆吾、韦顾、飞廉、恶来不除，汤武岂复蕲桀纣昆吾之善人我耶？故儒者之尊圣人也，木帝圣人也，其护圣人也，妇人圣人也，鞁琫圣人而不卩【按，疑为节】圣人也，仁圣人也，孩提圣人也，圣人之仁有不仁而用之，故仁而不仁之，不仁穷；不仁而仁之，仁无穷。善者恶之秘也，恶者善之锋也。谓圣人有善而无恶，则天地有阳而无阴，阴阳不测，圣人戬乱，阳生阴杀，阴生阳杀。气欲其充也，充于洁秽则漏矣，圣人杀秽；郭【按，应为廓】贵于固也，固于无厕有厕者瑕，圣人杀厕。"讲学大夫曰："我即学为圣人者也，圣人不杀。子以为今有所谓圣人者作杀谁？"梅先生曰："杀汝儒！杀汝儒！"讲学大夫曰："儒者，圣人之心也，无死地也。"

会莽诛而唐尊死于渐台，尊之群弟子曰："中国无圣人矣，吾道穷矣，孔子欲居九夷徒空言，吾辈当实居之矣。"于是大儒裹衮冕带裳，小儒裹翟篝，而曰："治天下，三代礼乐备是矣。"

北而盘瓠之国，贡狗于光武，狗当道狞蹲而嗥，不敢过，曰："是可以礼。请之揖之"揖之嗥，乃跪之，跪之嗥，儒者曰："是或非嗥也，殆知我有治天下之负而问道也。"曰："臣有帝王之道也，敢献之。"狗忽嗥而委去之，儒曰："是非徒去，将引我而登进之，置诸周行也。"尾而随之，又揖之跪之，狗亦习其跪揖而已者也，不啮也。儒喜，渐亲之，出其衮冕带裳，衮狗冕狗带裳狗。狗莎累于衮冕带裳，蹲诸地不能起。儒者喜曰："今日始合古礼地坐法矣。"遂出其翟篝而舞于狗前，曰："臣有乐章，请奏之。"曰：

何事非君？唯吾君之谁敢不君之。何吾君之不能？唯吾党焉任之。

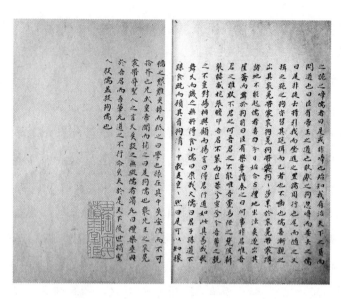

《傅眉杂录》之《儒有满师藩者》书影

氅彼新装，赫威姹张。瞻印吾君，不装而芒。荽兮宣兮，令吾尊之亲之，不皇对扬。

相与顾而扬言曰：得君行道如此其易哉！

歌舞久而饥乏，无所得食，小儒曰："康哉。"大儒曰："君子谋道不谋食。"既而顾其有狗清，清中谷麦皀皀然，曰："是可以知稼穑之艰难矣。"捧而舐之，曰："学也，禄在其中矣，安往而不可拾芥也。"

光武皇帝闻而捕之，曰："是狗儒也，亵先王之衮冕带裳，辱圣人之言久矣，杀之无纵！"儒者滨死曰："礼乐垂典于吾君，而吾辈死。道之不行，命矣！"夫于是天下后世谓圣人杀儒，盖杀狗儒也。

对比《儒有满师藩者》与《人有父死而哀毁庐墓》《理本从玉》，可见三篇文字一脉相承，实乃研究傅山学术思想，特别是儒学观与经子平等不可或缺的重要文献。

一、《礼解》与《学解》属同一思想体系，是傅山对儒学的反思与批判

青少年时代的傅山，走的是一条文人士子的老路，明天启六年（1626）19岁时"试高等，食廪气"，成为廪生。但崇祯九年（1636）至次年为老师袁继咸进京"伏阙讼冤"，特别是明清鼎革的残酷现实，使本就对儒学产生众多疑问的傅山深入反思，看清了冠以儒学正统所谓理学的腐朽、空疏与误国。清朝立国后，一方面，大肆宣扬理学以笼络人心；另一方面，一些所谓儒者极力为清廷统治提供理论支撑，也为自身贰臣身份辩护。在这样的背景下，特别是武装抗清无望后，傅山及其同道转而从思想文化上抵制，将反对理学"泥古""义袭""一味版拗"的教条主义、空疏学风、门户纷争与霸道作风，作为反异族统治的思想武器，将俗儒、庸儒、奴儒、腐儒批驳得体无完肤。同时，对于前汉末期与后汉掺杂了谶纬糟粕的所谓儒家学说，及至宋明理学，切中"礼"与"学"两个儒学范畴，作出了严厉批判。

"理"为理学的最高范畴，在《学解》之《理本从玉》篇中，傅山开宗明义解说"理""学"。嘉道间五台徐广轩曾有专论释解《学解》之《理本从玉》篇，收录于《霜红龛集备存》与《敦艮斋遗书》中："学字之解，可谓千古大案，先生判断了了，更不作一调停含糊语。所谓孟子之文，其锋不可犯。以觉训学，他儒亦有之，以见训觉，则先生之独解。其效与觉之辨，以伊尹思孟证之，是非得失不烦言而自明。效之始终于人，学朱者不服，谓始乎人，终乎己也。然果否效之以觉，终无可验也，盖也鲜也……然世人皮厚已甚，不痛击深创，不能使之一觉也。或曰，觉训为见，见者何物？学训为觉，觉者何境？曰，先生之言德言泰两段中详之矣。其物一见，见则见此也。至其境，则前段空灵法界四字，盖已尽之。或曰，何道之从，而即可以见而觉。曰，善哉问乎。君子深造之以道，欲其自得之也。自得即见，而觉之。谓欲自得而不得其道，是缘木而求鱼也……傅先生之学，不专一家之言，儒书外，老子、庄子、释迦、达摩之言，靡不毕究。以〈四书〉考之，孔颜曾思之旨，孟子集其成。而其养气两章，实为要旨。必有事焉，日夜息焉。始于平旦，终于浩然焉。平旦者，夜之息也。……宜见之物既不能见，落空落虚之疑自不能解。拾取名象，填塞胸中，而自得之道遂成断绝。鄙学无觉，此傅先生之所以太息于奴儒也欤？"①

《礼解》之《人有父死而哀毁庐墓》篇，同样切中"忠""孝"与"礼"三个儒学范畴展开论述，文字并不长，但句句为纲。"故非其孝而孝之，孝丧世，世亦丧孝。犹非其忠而忠之，忠丧世，世亦丧忠。非其亲而亲之，曰'礼也'，非礼也；而不亲之，'非礼也'，礼也。非其君而君之，曰'礼也'，非礼也；而有不君之，'非礼也'，礼也。夫世儒之所谓礼者，治世之衣冠，而乱世之疮也。不知剗刮其根，而以膏药涂之，又厚涂之，曰：'治疮之礼也。'不柄亢钜以足民之耳目，而脂韦跪拜以贪其利禄，曰：'治世之礼当如是。'礼丧世，世丧礼，礼与世交相丧也。悲夫！仁义智信之文，以文论之，无从金者，独礼有以金而为鑢，言乎其能鑢。声也，来改之反。俗谓挠而来之而翦除之曰鑢。从其声，其义之必不苟舆存，且转而为裂之蠚也。声者，皆取乎劙。劙也者，蠚而正之，然后为礼也。故君，礼也；不君，鑢也。知鑢而后知礼，而后复天地之节也。习跪拜进退而苟图利禄者，又膏药之屬也，不欲以为疮，相舆弊其无血而已。"礼与非礼的原则，是以社会的变化与否，以及所忠的内容决定，而不能从形式上对君的忠诚与否决定。社会是前进的，伦理观也是发展的，因此没有永恒的伦理纲常。这是魏宗禹先生在《傅山评传》②中作出的简洁解读。

可见，《理本从玉》与《人有父死而哀毁庐墓》两篇文字确属同一思想体系，均为对儒学的反思与批判。

---

① （清）徐润第著.敦艮斋遗书.民国十年重刊铅印本.卷六 P29—30.
② 魏宗禹著.傅山评传.南京：南京大学出版社.1995年9月第1版.P375.

二、新发见《儒有满师藩者》篇是傅山对清朝统治者倡导的所谓理学之礼，乃至仕清贰臣中所谓儒者为自身行为辩护的无情鞭挞与批判，与《礼解》之《人有父死而哀毁庐墓》篇互为补充

如果说《人有父死而哀毁庐墓》是立论与理论论证，那《儒有满师藩者》篇便是摆事实讲道理的事实论述。全文先通过“满师藩”与“朗陵奈何宝”的对话，将清廷宣扬的理学之礼，嘲讽为所谓“登清之礼”。“何为清？”“清者言污秽当清洁之”；“何为登？”“清以寿田，食之本也，不可□（此字无法辨识）躏之，故尊之曰登”。甚至用满师藩醉饱“而肠颠秽自其口出”嘲讽“于礼无所不备”害死人。再通过“讲学大夫”与“梅子真”的对话，以近乎寓言式的调侃，将为自身贰臣身份仕清行为辩护的所谓儒者，嘲讽为俗儒、庸儒、奴儒、腐儒，甚至是“三分颜色染大红”的狎德之儒、狗儒。而狗儒的下场自然是被杀，“夫天下后世谓圣人杀儒，盖杀狗儒也！”

由于文章采取了嬉笑怒骂的写作风格，看似不成体统，且多有隐喻隐射嘲讽满清王朝（将“清”直接解释成排泄物，且多次出现“狗清”等词语），以及为清廷统治张目的理学理论，为自身贰臣身份仕清行为辩护的所谓儒者，这或许便是嘉道间张廷鉴、张廷铨兄弟编辑《霜红龛拾遗》删除未录的原因。

三、新发见之《儒有满师藩者》与《人有父死而哀毁庐墓》均为《礼解》类文字，与《学解》文字共同构成傅山的儒学观

对于宋明理学，傅山从未全盘否定，而是从历史发展的过程中进行动态研究。比如对于“实事实功”的陈亮，追求个性解放积极因素的王阳明，甚至同时期的理学家孙奇逢，也多有称赞。他谒孔庙、游泰山，对儒家开创者孔子的尊重均可见一斑，在《杂记一》[①]中表述，“其精处，非后儒所及，不可不知。”甚至赞同孔子的“仁学”。这些观点在上述傅山的三篇文章中均有体现。《儒

① （清）罗振玉等编．（丁本）霜红龛集·卷三十六·杂记一．宣统三年木刻本 .p5.

有满师藩者》借梅子真言，演说"仁与不仁"的关系，与《人有父死而哀毁庐墓》中有关"礼与非礼"的论述，异曲同工，最终得出结论："谓圣人有善而无恶，则天地有阳而无阴。"

在对儒学反思与辩证分析，正本清源的基础上，傅山既尊重儒学的合理内核，同时又积极倡导子学研究，乃至佛道思想的研究，其《老子解》《庄子解》《百泉帖（上下）》《管子批注》《曾子问批语》《管子评注》《庄子翼批注》《荀子批注》《荀子评注》《淮南子评注》《吕氏春秋批注》《说苑批注》，乃至《金刚经注》《楞严经批注》《五灯会元批注》《翻译名义集批注》等批注、评注中均可得见，充分体现了傅山经子平等与经世致用的思想。

"既是为山平不得，我来添尔一峰青。"于反抗异族统治，傅山是一座山，于中华思想研究与弘扬，他又是一座奇峰。

白衣山人有知音

——《文安县志》中的傅山佚文

2004 年 12 月 3 日，我正在研究平遥古城文化历史的过程中，特别关注了光绪《平遥县志》及其纂修人之一，也是平遥超山书院山长的王舒萼。王舒萼为灵石人，字鞮堂，光绪二十三年（1897）至二十九年（1903）曾任文安知县。由此，查阅了民国《文安县志》[①]。意外的收获是，在《文安县志·艺文》中，发现了傅山的一篇文字《白衣山人传》，而且在各版的《霜红龛集》乃至《傅山全书》中均未收录。但限于工作与精力的缘故，一直庋藏十余年。《傅山全书》再版修订，仍未见收录此篇。

白衣山人传

白衣山人井先生者，北方学者之所谓井虞章先生者也。先生名焜，字季韫，别号虞章，世为文安人。筑山房读书其中，刘先生胤平署之

---

① （民国）陈桢修 李兰增等纂.文安县志.天津源泰印字馆镌.民国十一年冬月铅印本.

民国《文安县志》之《白衣山人传》书影

以白衣，乃又号白衣山人也。赋异资，好读书，多识古文奇字。为诸生，不屑屑帖括。博极载籍，原原委委，经通十三《注疏》，补注《文选》诸赋，发昔人未逮。余力乃始及制义，而甲子以《易经》举于乡，实出襄阳汪公月掌门。汪公亦熹庙时珰人所指为门户人，盖端人也，于是先生问学之功益得所趋向。连不得志。礼部谒选，知芜湖，时芜湖（康熙本有三字，民国本脱）有九江警，先生协守，将先计折冲之，湖人以为才，会有司城之，擢壬午计，以直忤时，左迁。丁内艰，因卜居南京，服阕，补浙藩照磨，又卜居西湖。擢知竹溪，以病辞。复归白下，益肆力著述。已【按：应为己】亥北归，再理芜园，缀辑残籍，摩研编削，不知老之将至，七十有四岁而终。

曾祖瑁，赠中宪大夫。祖济博，任云南按察司副使。父拱垣，赠文林郎，母纪氏，封太孺人。子姓奕奕，有《家乘》。遗《诗文》十卷、《示儿诂》六卷、《〈左传〉九抄》四卷、《古文奇字》一卷、《袖中简》一卷、《县志》二十卷（县为九河下流，苦水患，故志独详于河渠）、

《幽贞赋》一卷、《幽贞达旨》一卷。赋疾恶侘傺，情见乎辞，藏于家。

野岩遗民曰："世衰道微，师友之道弗讲，即问学何有焉？"余闻井先生实师桐城左苍屿先生，而友则阁部文忠公孙高阳诸公子、鹿乾若【按：应为岳】乔梓、李清仲、沈无谋、孙征君锺元诸先生。先生之所习闻见讨论者，亦何等事哉！

先生往矣！锡山许生子韶精绘事，曾为先生作《绅园图》，历历写所，谓曰方塘、曰松林、曰止亭、曰野客岩、曰寒香院、曰菜畦、曰药圃、曰白衣山房、曰凿坯隐、曰静寄轩。既用小李法金碧丹青矣，而复出新意，稍稍以云烟缥缈之。以细字历书先生诸小记，才三五句耳，不雕不野，按图读之，朴奥简隽，仿佛先生在焉。

《白衣山人传》，落款"傅山"，是否为山右傅山，或同名同姓？若为山右傅山，又怎么会为似无瓜葛的文安人作传？更何况傅山一生极少有应付之作。带着这样的问题，在各版《霜红龛集》，康熙、民国两版《文安县志》，康熙《平阳府志》，以及多种《傅青主先生年谱》与《孙夏峰先生年谱》中寻求答案，尽管均未找到傅山与传主井焜的直接关联，但从该篇传文的文字文风，以及以下三个方面，基本可以断定《白衣山人传》为山右傅山所作。

一、传主为明遗民，未仕于清，勤于著述，与傅山推崇之精神吻合，为其作传有着不必明言的深意

传主井焜，字季韫，明天启乡试甲子科举人，曾任芜湖、竹溪知县，后以病辞，一直客居南京，直到顺治十六年（1659）己亥才北归回籍。康熙二年（1663）癸卯，随子井在就养于山西平阳府署，直至两年后病殁。由于资料缺乏，已无法详考井焜明亡后行实，但入清为遗民，始终未曾出仕于清，一生勤于著述，仕前与东林党人多有关联，师从桐城左光斗，与孙承宗众子、鹿善继乔梓、李清仲、沈无谋、孙奇逢为友，虽属理学一脉，但更倾向经世致用。傅山稀为他

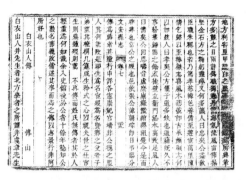

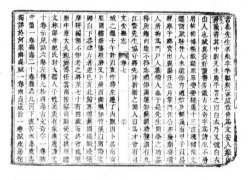

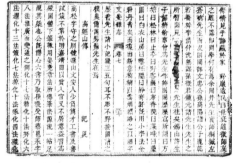

康熙《文安县志》之《白衣山人传》书影

人作传，却曾为甲申后隐居麓台山之"养廉耻者"戴运昌作《明户部员外郎止庵戴先生传》，《白衣山人传》有类于此。

二、传主同乡及子嗣曾在山西为官，有向三晋名士傅山"替友替父"求传的可能

清初，朝廷出于军事政治战略考量，将辽沈、华北士绅列为首要争取对象，软硬两手网罗汉族读书人，顺治二年（1645）即要求直隶省举人必须赴京参加吏部考试，合格者授以官职，或参加下年进士考试，"违抗不应试者，指名拿问，抚按并参。"这一点从《文安县志》的记载中也得以印证，特别是推官一职，更加明显。如甲科，顺治丙戌进士王景祚授太原府推官，丁亥进士万方庆授宁国府推官，乙未进士纪元授杭州府推官，康熙己亥进士井在授平阳府推官。

王景祚与井在《文安县志》均有传文，前者任太原府推官一职前后五载，顺治五年（1648）至九年（1652）；后者任平阳府推官三载，康熙二年（1663）至四年（1665）。两人皆为能臣，后拔擢离晋。王景祚曾与朱之俊有交，也因此而向朱之俊征其六世祖《王孝子叙》，正如朱之俊叙文中所述，"景祚以旧刻漶缺，谋新之征叙于余，余惟先生肇修人纪，首极君亲……"；但傅山在《白衣山人传》中则并未述及何人为井焜求传，但尽管无有实证，一般而言，求墓铭或传述者子孙为多，傅山学贯古今，为三晋名士，并在任职平阳府，《白衣山人传》或为井在向傅山所求。

三、傅山之交游与传主"习闻见讨论者"多有交集，受朋友引见为传，符合情理

文安县邑崇文尚武，从其存世县志记载中可见一斑。康熙四十二年（1703）《文安县志》所录明末清初艺文中，除傅山《白衣山人传》外，有孙承宗《司寇王梦岩传》，邹元标《计部邢龙源传》，汤斌《樊文成传》，魏裔介《少司农陈念莃传》，王士祯《纪太守传》《送纪隐居游陇西》，杜樾《征车赋答仲霁道兄一首》，朱之俊《王孝子叙》等。孙承宗（1563—1638），字稚绳，号恺阳，保定高阳人，榜眼出身，曾为明熹宗帝师，累官兵部尚书、太傅等。一度镇守边关，满门壮烈抗清，高阳城破被擒自缢，五子、两侄、六孙、八侄孙直至战死。曾与鹿正、孙奇逢、张果中等设法营救左光斗等东林党人。井焜则师从桐城左光斗，与孙承宗众子、鹿继善乔梓、李清仲、沈无谋、孙征君钟元为友。邹元标（1551—1624），字尔瞻，号南皋，万历五年（1577）进士，江西吉水人，官至刑部右侍郎、吏部左侍郎，左都御史，天启年首倡"和衷善行"之说，为东林党首领之一，与傅山叔祖傅霈同出山阴朱公门下，曾为傅霈作《傅应霈先生传》。王士祯、朱之俊与傅山的交往自不必言，汤斌、魏裔介、杜樾均为孙奇逢弟子，与傅山皆有这样那样的关联。从这些人物的关联中也不难得出，井在向傅山为父求传，或许即上列傅山某一位好友引见，《白衣山人传》确为山右傅山先生作品无疑。

《白衣山人传》是一篇难得的文字，从另一个侧面折射出傅山的交游圈，特别是与河北学术圈的关系。

此外，本文还要指出的是，傅山文献的收集整理，从张亦堪而张耀先，从张廷鉴、张廷铨而刘霖，从王晋荣而编辑《傅山全书》，已日臻于全。但也正如刘霖所言："傅青主先生足迹半天下，诗文随笔随掷，家无藏稿，亦无定稿。甚有执所著以问先生，而先生已忘为己作。虽临终以收拾遗文勖孙莲苏，然散之数十年，征诸一方，亦非易致之事也。"这篇藏之地方志书中傅山文字的发现，对于收集整理傅山文献不无启发，那便是高度关注地方文献，并扩大视野，不限于山西一省。

老诸生 穷书生 弱女子

——傅山笔下三"琴人"

傅山一生交游治学范围甚广,所著文字内容涵盖文化艺术历史宗教哲学,体裁涉猎诗词歌赋戏曲文章,既丰饶系统又不拘一格。然而在这诸多的文献中,与普通文人乐于应酬"好为人序""好为人传"的习惯颇为不同,非发自内心,极少为他人作传、作赋、作诗,但对诸如方义、李大垣、苟好子等普通僧俗百姓,却从不惜笔墨,曾为作《酒僧方义传》《帽花厨子传》《苟好子传》,还为老诸生梁檀、穷书生任复亨作传,为梁檀之宅作《燕巢琴赋》,为弱女子秀云作联珠诗十四首。有趣的是,将梁檀、任复亨、秀云放在一起来看,不难发现共同之处——他们都与古琴相关,可谓之三"琴人",而从为此三"琴人"所作传、赋与联珠诗中,可管窥傅山思想之一二。

一、与"古书琴桐"为伴的梁檀

在《太原三先生传》[①]中,傅山这样地写道:"太原老诸生梁檀者……聪

---

① 刘贯文 张海瀛 尹协理主编 . 傅山全书 . 太原:山西人民出版社 .1991 年 12 月第 1 版 .p350.

慧人未曾有。工绘事，年三十许。前后殚精临模古人山水、人物、花鸟、虫鱼，无所不造微。既不屑细曲，一味大写取意，然亦应人责，得意画极少。字不合格，而孤洁秀峻，径自标一宗，要无俗气。家亦贫，旧居南关，小宅傍水，号'芦鸶斋'，古书琴桐，独痾歌也。"

傅山与回民梁檀交往日久，"恒以绘事访之"。其宅芦鸶斋在芦鸶溪边，"青渺渺然，映带乎消索门庭"。宅内壁挂青纸泥金画"天堂图"及布教枝叶之相"果树"各一幅，法用小李，宫殿层复。壁间琴上，有燕子结巢焦尾。傅山奇之，为赋"燕巢琴"记之。

为梁檀传、赋，当然不仅仅因其"工绘事""无俗气""古书琴桐，独痾歌也"那么简单，还在于其"三十四十间，回向精奉其教主事，日夜忏悔，不敢散逸。山与同宿三五夜，以一床子卧山，自卧地上一席。山听之，终夜不睡，时时呵斥唤叹，如先生责让幼学者。山闻之，起敬深省，如闻晨钟，乃知其教之严净，非异端也。今七十矣，而奉其教不衰，可不谓用力于仁者哉！"①

其实，梁檀之外，傅山与另一位回民文玄锡交往更加密切，其《与玄锡帖》曰："恭祝锡老道兄七十寿。弟傅山拜。不成仪，另单鸣意。"《书扇寿文玄锡》云："且饮八十之酒，至九十，吾又有九十之言。"二人书画相赠、诗文唱和几十年。不仅如此，还曾与好友李中馥讨论天主教，记之于其《叙灵感梓经》。刘霦在《叙灵感梓经》后记这样写道："此太原李中馥凤石缘妻病，祷大士，愈，梓经，而先生叙之如此……与青主、中宿贯彻三教真铨，时谓晋中三隐"②，充分反映了傅山宗教平等的观点。

---

① 刘贯文 张海瀛 尹协理主编.傅山全书.太原:山西人民出版社.1991年12月第1版.p351.

② 刘贯文 张海瀛 尹协理主编.傅山全书.太原:山西人民出版社.1991年12月第1版.p377.

二、擅长"铁笔琴操"的任复亨

任复亨，乾隆、光绪《平定州志》均有记，光绪《平定州志·人物·方技》记述，"任复亨，字元仲，号无咎，庠生。家贫，工书法，备四体，精于铁笔，尤富琴操。时有九省军门某驻宿柏井驿，闻琴声延入馆礼之，命侍者以棉裹足，竟夕相对。公为抚忘几外，黄钟大雅，击节叹赏。厥后，军门卒于边，公重知音，数千里往哭焉。论者以为今之伯牙云。"①

甲申鼎革，傅山出家于寿阳五峰山，曾侨居平定多年，往来于寿阳、平定、盂县间，从事反清活动，与平定白孕彩、张修己、窦学周等皆为挚友。傅山少为人传，颜张修己居所曰《诗陶》《隘龛》，为窦学周书斋也仅作《醉白堂记》而已，但对任复亨则不惜文字，特为作传，事载于《仙儒外纪》。

任复亨是一个贫穷但"不改其乐"的书生，正所谓"穷板子"。傅山在《犂娃从石生序》后跋中说得十分清楚，"'穷板子'三字，前此亦不闻，而始闻之娃。细绎之，穷不铜臭，板亦有廉隅，非顽滑无觚稜者可比，亦奇号也。仍欲大书'穷板轩'三字，颜石生回沟之居，何如？"②傅眉直抒己见，"嗟乎！穷板子骨性自在人间，而爱此者，乃得诸妇人女子。妇人女子知爱穷板子秀才者，偏又出风尘中。谁非男子无须眉者，而爱之知之一段识舆力，或反出风尘女子下，何也？请附是言于丹崖翁小册子后，请以问穷板子，请以质诸爱穷板子秀才者。"③

与为"穷板子"任复亨作传截然相反的一个事例记之于王又朴《诗礼堂杂

---

① （清）赖昌期 张彬 等纂修．光绪平定州志．木刻本．人物方技 p47.

② 刘贯文 张海瀛 尹协理主编．傅山全书．太原：山西人民出版社．1991 年 12 月第 1 版．p374.

③ 刘贯文 张海瀛 尹协理主编．傅山全书．太原：山西人民出版社．1991 年 12 月第 1 版．p375.

篡》，"然余在晋闻，傅之祸缘于晋臬某（失其名），为求书母寿序，傅不可。亲求之，傅延人与语，嫌其过俗。旋起入舍，久不出。某令吏侦之，则傅由舍后出，解衣磅礴林间。某大怒，径去。伺间为飞语中之。"[①]文中臬某即康熙十八年（1679）六月至二十四年（1685）十月在任山西按察司按察使的满洲人库尔喀。臬台为母求寿序，傅山傲然不允，但对任复亨，乃至诸如方义、李大垣、苟好子等普通僧俗百姓，傅山则不惜笔墨，其性情气节跃然浮现。

至于傅眉所言"妇人女子知爱穷板子秀才者"，在傅山为秀云所作联珠诗中得到验证。

三、被称为"人琴合一"的秀云

秀云，清道光《阳曲县志》卷十六《志余》记曰："秀云者，晋府乐长也，声容冠一时，善画兰，兼工小楷，操琴，《汉宫秋》称绝调，又能以琵琶弹《普庵咒》，与琴人化。文人学士多与游，字之曰'明霞'。卒为轻薄子所绐，倾囊相委，久知其负己也，抑郁而逝，淹殡积岁。傅青主闻而怜之，召僧尼导引郊外，与所知词客数辈，酹之酒而葬之。有联珠诗十四首。其一云：芳魂栩栩自仙游，走马章台满目愁。疏雨细风清夜永，可怜一曲《汉宫秋》。其二云：《汉宫秋》是古琴文，几个知音坐上闻。流水不逢钟子辈，当垆谁识卓文君。其八云：小楼尘土暗窗纱，不见楼头解语花。棋冷文楸香冷篆，状头横著旧琵琶。其九云：琵琶掩抑不堪听，司马江头涕泪零。老大只教癯骨在，何须粉白与螺青。"[②]

傅山与秀云的交往未见记载，但秀云抑郁而死，傅山亲召僧尼、诗客葬之，而且浓墨重彩为题十四首联珠诗。此外，在傅山其他的文字中，也不止一次提

---

① （清）王又朴．诗礼堂杂纂．诗礼堂版藏．卷上 p50-51.

② （清）阎士骧 郑起昌纂．道光阳曲县志．民国二十一年铅印本．卷十六志余 p31-32.版．p377.

及秀云。《犁娃从石生序》，褒扬犁娃之外，还罗列有亲见之岫云、翠玉、弱娟等，且与严蕊、毛惜惜相比。"岫云以从非其人，抑郁而死；翠元从西河财虏，无异屠沽儿；弱娟从袁生，不得终其盟，令狭邪齿冷。"[1]

不仅如此，在傅山的杂剧《红罗镜》中，直接将弱娟从袁生，以及岫云植入，写成了一个妓女弱娟与晋王府外甥陆龙热恋，带着红罗裹着的菱花镜逃脱富乐院的故事。而剧中搭救弱娟的鬼魂即名岫云，"岫云，风流蕴藉，名重平康，平生自负，有识英雄的俊眼儿，要求一个良配，免教老死风尘。谁料这个事，也不是苟且做得。抑郁成病，三十而亡。幽魂不散，长夜浮游，好不凄怆人也。""只落得林深夜鬼栖，见了些叶落枯禅下。想当初，月下琴心，花前棋局，那个不是动人处也。到如今，《汉宫秋》绝响，玉局苦难拿，人间还浪说明霞。"[2]对比这些文字，岫云即秀云，明霞自然是明霞，不论十四首联珠诗，或是杂剧《红罗镜》，秀云都成为傅山笔下的人物。

后世蒋万里薄游三元，抒怀古之幽情，作诗吊秀云曰："旷代琴工说秀云，卫夫人合是前身。知音青主多同调，不数钱塘苏小坟。""教坊小字艳明霞，惆怅当年解语花。一曲《广陵》成绝调，四弦秋冷证琵琶。""横汾歌罢水难流，三晋云山四望收。明社已墟词客散，凄凉三字《汉宫秋》。"[3]

其实，傅山从不为世俗偏见所惑，从与宁乡秀才王珏及其妻阎孤庵的交往亦可得见。身为秀才，王珏敢于娶欲披剃为尼的风尘女子阎孤庵为妻，作为挚友，傅山毫不避讳阎孤庵曾经的妓女身份，作《吾玉说孤庵行经，代有此艳体》

① 刘贯文 张海瀛 尹协理主编 . 傅山全书 . 太原：山西人民出版社 .1991 年 12 月第 1 版 .p374.

② 张明远编著 . 傅青主研究 . 太原：三晋出版社 .2013 年 11 月第 1 版 .p954.

③ （清）林慧如 . 明代轶闻（永历实录册）. 北京：北京古籍出版社 .2002 年 9 月第 1 版 .p365.

五首五言排律专咏，为阁孤庵作五言律诗《介石山房为孤伽士别》（即《解后孤庵了过吾玉介石山房题壁》）话别，并题壁于介石山房，字里行间所透视的，是傅山对世俗观念的挑战。

傅山为上述三"琴人"作传、作赋、作诗，尽管各有其寓意，落脚点不同，但其切入点都绕不开一个"琴"字，而琴在士子文人心中向来被视为高雅、清幽之象征，用墨于此，心意了然。话说回来，虽然在现有的文献中不曾见到"傅山操琴"，但"君子之近琴瑟"，凝结中国传统文化的古琴，为傅山所钟爱，当在情理之中。

文章最后，让我们再欣赏一次傅山的《燕巢琴赋》①（见文后附）：

燕巢琴赋

夏日，过不廛先生书斋，见燕子结巢壁上之琴。归而感梁子之所与友者，如此而已。因为赋之。

伊余读《南史》马枢之传曰：有双燕兮庭栖。时往来于几案，信高士之无机。感仁人之难遇，滋万物兮怀疑。不谓德辉之靡远兮，在芦鹜之清溪。有孤琴之悬壁，来鬊子兮啣泥。信庄生之旷论，鸟莫智于鷦鴳。夫岂无兮芳尘之楼，与夫芸晖之墙。恐主人之未信，将贻笑于处堂。乃回翔而后集，见伊人兮水方。彼则高山兮流水，我其凤览而鸥忘。羽差池兮喻高渐之鸿仪，音上下兮调无弦之宫商。遂卜居于焦桐之尾，益长谢乎文杏之梁。吁嗟燕兮！尔其乐梁生之贫兮？梁生贫无以为粮。抑爱梁生之清兮？彼复清冷而无裳。尔其取梁生悠远之韵兮？

---

① 刘贯文 张海瀛 尹协理主编．傅山全书．太原：山西人民出版社．1991 年 12 月第 1 版．p8.

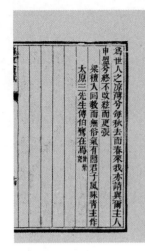
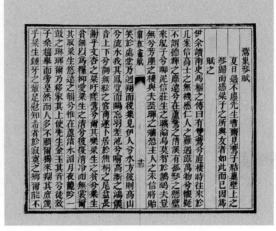

王本《燕巢琴赋》书影

惟在芦渚水湄月夜龙吟一鼓之琳琅。尔乃移家其上，使先生金玉其音兮，徒效子桑趋举而旁皇。然而人多不顾，尔独来翔。其庶几乎！梁生钟牙之辈，足慰知希者于寂寞之乡。尔能不为世人之凉薄兮，每秋去而春来。我亦请与尔主人申盟兮，终不改弦而更张。

焚香诵奇文，琴声若在耳。时空仿佛穿越，置身芦鸶斋旁，柏井驿馆，抑或晋王府中，燕语莺莺，芦溪潺潺，松涛阵阵，流水高山，操琴者并非梁檀、元仲、秀云，而是道骨仙风的傅山。

"䴺𪎭" 食材新考

　　傅山有《䴺𪎭嘔陀南赋》，就其中䴺𪎭一词存在着各不相同的释解。

　　张颔先生曾从文字训诂与地方饮食等角度进行考证研究，作《〈䴺𪎭嘔陀南〉试解》①，认为䴺𪎭是用"穬麦"所做的饼饵，傅山当时所食者，为地方名吃，即现在山西北路常吃的莜面。吴晓龙先生引用丰富史料，写成《再释䴺𪎭》②，认为"䴺𪎭"与不同地域、不同时代所称的"碾转""稔转""捻捻馔儿""连展""辗转子""撼钻儿饭""碾𩜹""冷蒸""麦蚕"等产麦区尝新食物相同，上可追溯至宋代，多从制作方法与制成后形状并结合当地方言命名。在前两文基础上，赵怀舟等六人作《傅山䴺𪎭续解》③，进一步从名称演变、制作方法、

---

① 太原市晋祠博物馆 太原傅山研究会编 . 纪念傅山国际学术论文集 . 北京 . 中华书局 . 2011 年 7 月北京第 1 版 p61-62.

② 吴晓龙 . 晋阳学刊 . 2008 年第 5 期 .p31-33.

③ 王象礼主编 . 傅山养生之道·思想篇 . 太原 . 山西人民出版社 . 2012 年第 1 版 . p324-333.

穬麦不同于莜麦三个视角纵深研究，并对《䵆䵊喁陀南赋》的写作时间提出质疑，辛酉、壬戌或为康熙二十（1681）、二十一年（1682）。

其实，关于䵆䵊一词及其确切内涵，道光《阳曲县志》已有确论。在其"卷二·舆地图下·方产·附录"①中，专列"居民各种面食"一条，在"䵆䵊饭"下注曰："广大麦初熟，乡间妇女刈而磨之，状如绳，又名麦绳儿。色浅碧，或荤或素，以菜伴食，香美异常。傅青主有《䵆䵊小赋》，案：䵆，恨结切，音纥，坚麦也。䵊才何切，音醛，劘麦也。又有《䵆䵊喁陀南赋》，䵆，力展切，音辇。䵊，上演切，音善。大麦新熟，作䵆䵊也。俗呼捻转即此。见《霜红龛集》。"即，䵆䵊由新熟大麦制作，俗呼捻转。与䵆䵊饭食材相同，广大麦初熟，刈而磨之，状如绳，色浅碧，或荤或素，以菜伴食，香美异常，所以又名麦绳儿。

综上所述，䵆䵊的制作方法，无有异议，矛盾的焦点在食材上，即，穬麦确指是大麦、小麦还是莜麦。笔者反复斟酌，认为此一话题仍有讨论空间，拟从以下四个维度分析。

一、从文字训诂论，穬麦应指大麦

"青青之穬，最宜䵆䵊。"《说文》曰："穬，芒粟也。"程瑶田《九谷考》曰："穬，大麦之别种也。"芒粟即穬麦别称。《齐民要术》曰："穬麦，大麦类。"李善注"崔寔《四民月令》曰：'四月可籴穬。'注曰：'大麦之无皮者曰穬'"。《天工开物·乃粒·麦》："凡麦有数种，小麦曰来，麦之长也；大麦曰穬，曰牟。"

可见青青之"穬"盖指大麦言，更准确地说，穬乃指脱去皮壳之大麦。在山西历史上大麦种植颇为普遍，吴其濬所著之《植物名实图考》曰："穬，麦，今山西多种之。"

---

① （清）阎士骧 郑起昌纂辑.道光阳曲县志.民国二十一年铅印本.卷二之舆地图
下.p44.

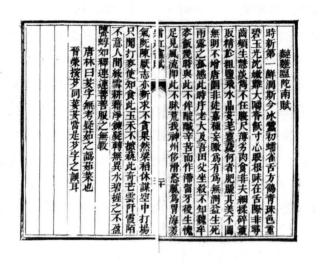

王本《麴蘖嗢陀南赋》书影

二、从食用时间论，麰麨与麴蘖皆以大麦为食材

《麰麨小赋》末记"丁酉既热"，说明其时正值顺治十四年（1657）初夏。比对光绪间增补刻印之雍正五年丁未（1727）会稽本《钦定万年书》，顺治十四年（1657），立夏在阴历三月二十二乙丑日，小满在阴历四月初六戊寅日（张培瑜考订为四月初九辛巳）[1]。芒种在阴历四月二十四丙申日，夏至在阴历五月初九辛亥日（张培瑜考订为五月初十壬子）[2]。初夏当在阳历立夏与小满之间，即阴历三月二十二至四月初六（初九）。此间，"青青之穬"，除了大麦，无有其他农作物收割。也只有大麦能称得上"时新第一"。农谚有之："大麦不过小满，小麦不过芒种。"小麦"小满割不得，芒种割不及。"小满节前收大麦，小麦也开始乳化小满，到芒种前必须收割。二者在成熟时间上差出半月十五天

---

[1] 张培瑜著.三千五百年历日天象.郑州：大象出版社.1997年7月第2版.p371.

[2] 张培瑜著.三千五百年历日天象.郑州：大象出版社.1997年7月第2版.p371.

一个节令。所以说制作麨麪与糒糜的食材只能是大麦。

三、从饮食习俗论，麨麪与糒糜非大麦莫属

大麦与小麦属同科植物，但有很多差异。从外观上看，大麦两头较尖、较细长，芒长几与麦穗等长，也因此呼之"芒粟"；小麦两头较圆、较短、较圆润，芒相对来说要短得多。从生长周期来看，大麦生长周期在 180 天左右；冬小麦的生长周期则长至 230 天到 270 天。从内含成分上看，大、小麦最大差异在内含淀粉上，大麦淀粉含量极低，以致大麦粉无法发酵，百姓谓之"死面"，较少用于食材；小麦则因其极高的淀粉含量，蒸、煮、烤均宜，因此成为中国北方主食。从作用与价值上看，大麦味甘、咸、性凉，具有和胃、除虚烦等功效，而大麦芽味咸性温，具有健脾胃助消化作用；小麦味甘、性微寒，则有养心安神，除烦热功效。大、小麦均具药用价值，大麦芽有助脾化食之功，小麦有止汗养心之力。也正因此差异，食用成为小麦的主要价值，药用则成为大麦的重要价值。民间历来即有季节转换间就地取食材保健的做法，诸如食用苦菜、柳芽、茵陈、榆钱、香椿，数不胜数，因地而异。"时新第一"之"青青之穬"制成糒糜、麨麪，亦当属此无疑。

四、从写作因由论，大麦符合作者用意

傅莲苏有诗《丙戌四月十五日夜苦不睡已三宵矣，无聊占此七言》[①]，"五十年来作梦游，修名未立此生休。"丙戌为康熙四十五年（1706），傅莲苏五十岁，逆推其生于顺治丁酉（1657）。"四月十五日夜苦不睡已三宵"，傅莲苏或生于顺治十四年（1657）四月十五日前，也许即四月十二日。仍依光绪间增补刻印之雍正五年丁未会稽本《钦定万年书》推算，当为甲申日。即小满四月初六（初九）与芒种四月二十四日之间。此时恰是"时新第一"的"青青之穬"

---

① 刘贯文 张海瀛 尹协理主编.傅山全书·附录二·傅莲苏集.太原：山西人民出版社.1991 年 12 月第 1 版.p4957.

收获之后，小麦收割即将开镰之时。

傅山为一代儒医，深谙食物药性与营养保健。大麦小剂量使用又可消食化滞疏肝解郁而催乳，大剂量使用消散之力强，耗散气血而回乳。而出芽之大麦，服后不但无回乳的功效，反而可增加乳汁。傅山于夏初写成《麨麨小赋》，心情之愉悦跃然赋中，除了季节使然外，恐怕还有傅眉妻朱氏生子莲苏因素。毕竟，小剂量食用大麦有着消食化滞疏肝解郁而催乳的功效，出芽之大麦亦可增加乳汁。《麨麨小赋》既成，傅山先生又追忆青年时所写《辚𪍿嗢陀南赋》，补记落款辛酉、壬戌，则《辚𪍿嗢陀南赋》应写成于明天启元年（1621）、二年（1622）间。

综上四方面的原因，辚𪍿与麨麨所选食材均应指大麦，新鲜的大麦制成辚𪍿或麨麨，初夏之交食用，是绝佳的换季营养保健食品。

当然，辚𪍿与麨麨做法不同，前者用石磨磨制而成，其状如绳，亦名麦绳儿，色浅碧，或荤或素，以菜伴食；后者则是有比于抿尖、圪搓、搓鱼鱼之类。到现在，在全国诸多乡村还存留有类似的辚𪍿制作方法，却已非初夏既热，远远超出小满节令，食材也不限于青大麦，青小麦也可如法炮制，成为一种地方小吃名吃，尽管多沿用"碾转""稔转"等旧称，但已失去春夏之交换季营养保健作用。

此外，"辚𪍿"与"麨麨"断不会以莜面制作。莜面收割于秋后，且为高寒作物，俗谚"三十里的莜面，四十里的糕"，与穬麦并非同类植物。

后记一

本文从头到尾说吃，不妨再介绍一下晋东南阳城县的泡麦面花馍。作为非物质文化遗产，阳城泡麦面花馍不仅花色形制民俗特征与众不同，更奇在独具特色的传统泡麦面制作工艺。所谓泡麦面，即将籽粒饱满的小麦粒浸泡一天一夜捞出后，趁湿放进筛子或其他空气流通的盛器里，加温使其发芽。其实所谓发芽并非出芽，仅仅是麦粒内部的变化，胚胎萌动，部分淀粉转化为麦芽糖。

然后急速晾干，磨面加工。经过淘麦、泡麦、发芽、晾干、磨面、发酵、制作、泛型、蒸熟等9道工序，非物质文化遗产的阳城泡麦面花馍便制作完成。阳城花馍之所以口感上甜度高于一般的馒头，其秘密就在于部分淀粉转化成了麦芽糖。

后记二

在研究傅山赋文过程中，于乾隆、光绪《平定州志·艺文》郭紘《凌霄花赋》[1]后，发现有傅山与戴廷栻文字，殊为珍贵。

凌霄花赋
郭紘

厥草惟天，厥木惟乔。草有柔蔓，木有繁条。缘根兮附蒂，有叶兮数苗。朱华粲兮上覆，本干蔽兮不昭。嗟兮此木，几岁几年而至于合抱；夫何此草，一旦一夕而遂曰凌霄。是使藜藿蒿莱慕高艳而仰翘，翘也安知，

《平定州志》所录《凌霄花赋》书影

---

① （清）赖昌期 张斌等纂修．光绪平定州志．木刻本．卷十一·艺文上二．p80.

苹藻自洁，蕙兰自芳。芙蓉出污而自丽，芝兰不培而自长。或纫佩带，或采顷筐。或制裳于骚客，或登歌于乐章。故得为馨为荐，为嘉为祥。皆无附着，亦以名扬。奚必托危柯而后昌。吾谓木危多枯，风高必折。当是时，将恐摧为朽荄，不复萌蘖，岂得与百卉并列也耶！

吾乡前辈，诗不乏，赋寥寥，紫崮外不见也。此卷中有郭瓷翁《凌霄花赋》，寄寓卓然。令孙儿抄出，诒戴仲存筒中。乙卯春傅山记。

"凌霄花小赋，劲简可诵矣。"枫仲序瓷山集。

郭纮，生卒未详，字伯瞻，平定人，号石瓷山樵，明嘉靖十七年（1538）进士，官户部员外郎。《山西通志》《平定州志》有载，称"生有异质，四岁时有示以字者，即识之不忘，读书穷极理要""工书法，尤长于诗""及官计曹，与诸先达议论，众敛手推服。如许公松皋、乔公白岩咸忘分下交，白岩称其文似左氏，词类屈平"，著有《石瓷山人诗卷》等。这篇赋挖苦了自身无才无德，凭借缠绕依附权贵实现青云凌霄之辈，点明"木危多枯，风高必折"，靠别人是靠不住的。同时还说苹藻、蕙兰、芙蓉、芝兰"为馨为荐，为嘉为祥"，但"皆无附着，亦以名扬"，所以做人处世还是要想办法做好自己，很励志，很正能量。

而傅山与戴廷栻之后记文字不多，但对于研究傅山，特别是其对"赋"这一体裁的艺术观、价值观，有很大帮助，也可补《傅山年谱》中顺治十四年（1657）丁酉春之内容。

赋有劝世讽谏之意，跋有研究傅山之用，特为之记。

傅山医学师承考

傅山医术之高明，不仅体现在《傅青主女科》等医著中，更可从几百年间流传于三晋大地的行医故事中窥得。傅山自称儒医，但也有称其为仙医、道医，乃至医圣者。万事有终即有始，有流必有源。傅山的医术乃至医学理论得自何处，传自何人，却一直是困扰傅山研究的一个问题。

傅山其人，生而体弱多病，"山私痛山童时数得怪异之证，惊忧吾亲不可胜道"[①] "七岁悲生死，于今五十六"[②]，七岁时病几死，长而致力于科举，及天启四年甲子（1624）父伤寒病危，还一度求助于神灵，祈祷于夫子庙。"甲子冬，先居士病伤寒十余日，危证皆见，呃逆直视，循衣摸床，发黄发瘢，医

① 刘贯文 张海瀛 尹协理主编.傅山全书·卷四十四.太原：山西人民出版社.1991年12月第1版.p911.
② 刘贯文 张海瀛 尹协理主编.傅山全书·卷三.太原：山西人民出版社.1991年12月第1版.p44.

来莫措。或传南关文昌夫子庙灵异，旧人往往于庙中祈药，辄应。先兄与弟止左右服事，山往祷之。"①崇祯十四年（1641）辛巳春三十五岁时，又病危几死。"忽念去年春，离天行几死，赖仁兄左右调护，得复苟延。弟病起，而兄病，以忧瘁渐深矣。"②在甲申国变之前，不仅见不到傅山学医从医的点滴记述，相反傅山还是一个体弱多病的人，甚至曾求神祈药。记述傅山学医从医的文字，几乎都在甲申国变之后。"往岁石道人寓盂，陈子追随焉。顷道人居河西，陈子又从与研究医药，将逾太行收药饵。"③"次同，研经穷理，隐于医。余老病，时时从问方药。"④也就是说，在前明时期，傅山从七岁入家塾，十五岁应童子试，应乡试，入三立，但不为科举拘系，乃至务博综，"伏阙讼冤"，助官府御寇。精力基本无暇于医道，直到甲申国变避乱于晋东，特别是寿阳五峰山出家入道后，始涉足医道，且一发而不可收，成就岐黄之术。于此，不仅反映在其诗文著述中，也记载于地方志书里。

傅山涉足医道，为什么要首选晋东寿阳、平定、盂县一带，除了出家五峰山的缘由之外，是否还另有其因？本文围绕杨耀祖、汪健阳、郭还阳、卢丹亭等相关人物主线，探讨如下：

一、杨耀祖其人其医

平定设州以来，一直为太原府属州，直至雍正二年（1724）甲辰才升为直隶州。乾隆、光绪《平定州志》⑤记载："康熙二年（1663）癸卯科乡试，杨

① 刘贯文 张海瀛 尹协理主编．傅山全书·卷二十四．太原：山西人民出版社．1991年12月第1版．p441.

② 刘贯文 张海瀛 尹协理主编．傅山全书·卷二十六．太原：山西人民出版社．1991年12月第1版．p455.

③ 方闻编著．傅青主先生大传年谱．台湾．中华书局．1970年7月初版．p85.

④ 刘贯文 张海瀛 尹协理主编．傅山全书·卷十九．太原：山西人民出版社．1991年12月第1版．p335.

⑤ （清）赖昌期 张斌等纂修．平定州志．木刻本．卷之七·选举·武科目．p31-32.

耀祖解元。见甲科。州人。""康熙三年（1664）甲辰科会试，杨耀祖，安庆右营游击。""赠明威将军杨承忠，子耀祖。"①至于杨耀祖出任安庆右营游击后的记载却少之又少，最终也仅在《五灯全书》②大藏经中发现有沙翁海嗣纂之《大原慈庵杨耀祖进士》一文。

《平定州志》所记杨耀祖

大原慈庵杨耀祖进士③

大原慈庵杨耀祖进士，山西广阳人。父祖三世胎斋。世称乐善士。幼颖悟。长中康熙癸卯解元。联登甲榜。因见天目尺木休。示现末后一着。了脱非常有感。乃单提向上。决志禅宗。后仕官真州。访天王海于地藏。言下投机。授拂记荔呈海偈曰。果是天童一脉来。相逢一笑我知哉。归来尽是儿孙事。喝下承当正眼开。又呈洗澡偈曰。真空无相法王身。荷叶露珠不染尘。宾主一堂谁辨得。归来明月照行人。示佛眉偈曰。唤作佛眉。定有魔眼。佛魔不着。眉眼俱遣。随缘事事了。日用何欠少。一切但寻常。自然不颠倒。先严讳日举哀。拈香曰。一身分化若干身。无始从来只一心。团地一声掀破后。年年今日识新春。恭人讳日拈香曰。炉中香缥缈。岸上柳青青。雨洒清明节。春雷兆太平。复举世尊初生话毕。乃曰。在天不以天为乐。在世不以世为相。在生不以生为恋。在死不以死为忧。明得惟吾独尊。

---

① （清）赖昌期 张斌等纂修. 平定州志. 卷之七·选举·封荫.p84.

② （清）超永编辑. 卷一百六.

③ 作者出于佛经、佛偈其意非常的考虑，此文作常规标点，仅句读。

我身即母身。今日觌面相呈。不好举扬个事。上报深恩。喝一喝。月夜有客。送指月录言别。士曰。贪看他人宝。忘却自己珍。客曰。眼中着不得玉屑么。士曰。且吃茶去。复示偈曰。月上梅梢一镜圆。那知月落不离天。月圆月缺光无减。君再来时又一年。士居官。以法门金汤为力任。每遇僧俗咨参。语多激引。时魏双阙。按辖临邑。景其高风。赠有官舍浑如僧舍冷。吏人一似道人间之句。极为切当。

广阳即平定旧称，雍正二年（1724）甲辰前直隶于太原府。杨耀祖与尺木休曾有交往，并决志禅宗。"中康熙癸卯解元，联登甲榜"后，仕官真州。乾隆、光绪《平定州志》与《五灯全书》之"大原慈庵杨耀祖进士"记载基本吻合，即杨耀祖在考取武举解元、武进士前已从尺木休皈依佛门，但始终以法门金汤为力任。

关于尺木休，清乾隆《沁州志》与《续志》，有关于性休的记载：性休，号尺木道人，本朱姓，相传为大同藩府支派。幼游庠，善诗文，工隶草。值闯逆之变，弃家云游，遍历多方，虽奔走风尘，未尝有杂用心处。尝自言，南泉十八岁解作活计，赵州十八岁能破家散宅，余十八岁便有个入处不假外来。戊子入白下，过匡庐南游赣郡，自揣可以续佛命克振宗风。始剃发于雩之龙庵，从崆峒戒子传衣钵。觅帆下江至汉口延寿庵，遇不退禅师，棒喝顿悟大道，后卓锡于沁之永庆寺。顺治癸巳正月二十三日早斋毕，忽问院主：十王殿前那块地舍得么？答云：舍得。师云：抬我去。遂跌坐而逝。午后现出笑像，日至耳边，垂涎不止，夜半转来，索笔手书，遍示大众，其塔铭曰："卜地卜地，三上之三。乘时乘时，二月之二。万汇萌芽，造化顺理。一稼反生，吾道乃逆。遇雷而鸣，逢火出世。"其示范景淹云：我从来好大言不惭，往往说拿定生死，要生就生，要死就死。今日幸博得一场如意，大快大快。至二月二日，师出定沐浴，削须发现出红光满面，持杖侍者扶至塔前，傧化老比邱，相问众居士：可认得么？众对毕，师仰天呵呵大笑，说偈掷杖而逝。著有《铜鞚语录》。对照于《山西通志》《清稗类抄·方外类》，内容基本相同：其一，尺木休，俗姓朱，明宗室，大同人。闯王之变，弃家云游。其二，戊子始剃发，卓锡于沁州永庆寺。其三，顺治癸巳二月二日，出定沐浴，扶至塔前，对众说偈，掷杖而化，著有《铜鞮语录》。

可见，尺木休出自明大同代王宗室，大同失守后弃家云游，于顺治五年（1648）戊子剃发，卓锡于沁州永庆寺，顺治十年（1653）癸巳二月二日圆寂。而杨耀祖见尺木休而开悟，也只能在顺治五到十年这五年间，而且地点也当在沁州永庆寺。之后的七八年间，杨耀祖行述不得而知，最终于康熙二年（1663）癸卯科乡试成武科解元，康熙三年（1664）甲辰科会试武科进士。根据为蒋介繁辑《本草择要纲目》一书序文落款，"康熙己未（1679）上巳后二日，年家眷弟太原杨耀祖浣手拜书于真江卫署"，及序文中"余忝任胥江五载矣"的表述，

杨耀祖出任安庆右营游击当在康熙十三年（1674）甲寅，一直到康熙十八年（1679）己未均生活在真江。至于杨耀祖的医学成就，此序文即可见一斑。

由于承载了中国历史上一部传奇医著《扁鹊镜经》的传承，杨耀祖注定是一个不能湮没于历史的人物。2021年9月，由徐倬先生辑校的《扁鹊镜经》①在人民卫

陆懋修传本《扁鹊镜经》书影1
（录自徐倬辑校《扁鹊镜经》）

---

① 徐倬辑校.扁鹊镜经.北京：人民卫生出版社.2021年9月第1版.

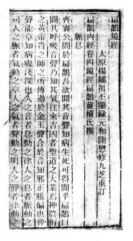

陆懋修传本《扁鹊镜经》书影2
（录自徐侔辑校《扁鹊镜经》）

生出版社出版，不仅解读了《扁鹊镜经》"八舍与十音""六十首与二十七候""奇恒与揆度""脉息与环境"等闻诊的理论问题，而且对《扁鹊镜经》的传承作了详细考证，并将《扁鹊镜经》传承过程中重要历史人物的序跋附于书后，即南朝宋元嘉二十年（443）腊月望日《秦承祖脉经徐文伯序》，唐咸通四年（863）冬月晦日《秦承祖脉经慧真医僧跋》，清顺治十一年（1654）岁次甲午桂月朔日《秦承祖脉经杨耀祖跋》，清顺治十六年（1659）岁次己亥秋戌月廿九日《秦承祖脉经徐元文序》。早在宋元嘉二十年（443）腊月望日，给事黄门侍郎徐文伯为《秦承祖脉经》制序，"宋元嘉十九年（442），太医令徐文伯七十有八，授《黄帝脉经》《扁鹊镜经》《公甫文伯脉诀》诸经，予新太医令秦承祖。元嘉二十年（443），秦承祖辑《黄帝脉经》《扁鹊镜经》《公甫文伯脉诀》为《脉经》，合《明堂》《针经》《本草》《辅行诀》为医之五经，奏置医学署，以广教授焉。"①大唐咸通四年（863）冬月晦日，石艾蒲台医僧慧真将《秦承祖脉经》《外经微言》《辅行诀》镇寺三宝题跋蜡封，密藏于隐身安息之禅岩洞，"待千年医缘识慧也。"万历十五年（1587），闭关石艾狮子山禅岩洞三十余年的真一道人汪健阳，无意间觅得慧真三宝而潜隐禅岩。万历四十七年（1619），年仅十五岁的贡生杨耀祖不显年少乃知医，家老已授神方于心间，受业于汪健

---

① 徐侔辑校.扁鹊镜经.北京：人民卫生出版社.2021年9月第1版 p172.

阳导引吐纳术。天启五年（1625），汪健阳始携杨耀祖入禅岩洞，授《秦承祖脉经》诸书。清顺治十一年（1654）岁次甲午桂月朔日，杨耀祖作《秦承祖脉经》跋文记之，并将包含有《黄帝脉经》《扁鹊镜经》《公甫文伯脉经》三书合集之《秦承祖脉经》精抄本赠予徐元文。徐元文因此作序记述，"其诀者，乃心索指别之功，奇恒揆度之法也；声息音律之气，六十首位之化也；十二律之度，归藏十音所以准也；二十七候之分，脉动之息所以立也。"[①]

在考证研究过程中，徐倬先生还在苏州一老中医于旧书摊觅得《扁鹊镜经》陆懋修本残篇若干照片[②]，并载于书中。其中明确记载有："《扁鹊镜经》，太原杨耀祖丕录，元和陆懋修九芝重订，《扁鹊内经》卷四《镜经》，扁鹊姜嵇氏撰""大清康熙十六年（1677）岁次丁巳桂月廿日杨耀祖订于金陵慈庵卫舍，光绪十二年（1886）腊月十二日陆懋修九芝重订于邸寓之双娱堂，宣统元年（1909）岁在己酉四月十日门下晚学生冯汝玖叔莹校印"，并述其来龙去脉。"咸丰二年（1852）六月九日，后学懋修于青浦舟次，有一老者同渡，相谈甚投。知其孤身，乃携老者同归邸寓，交益深，情皆愉。老者谓曰：'吾师遗《扁鹊镜经》一卷，为康熙十六年（1677）杨耀祖写订而未解。七十二舍与病若何，诚遇智者同解，如《伤寒论病释》《内经运气病释》《内经运气表》及诸文，皆未得扁鹊之旨。'然与老者相学于娱，遂谓书斋为双娱堂矣。同治四年（1865），老者吴氏名旂字昊然逝于晨起，享九十有二，乃懋修良师益友矣。尊师守孝而深读杨耀祖序文，知扁鹊顾伟者，得脉息、音律之韵焉。"由此可见，就徐倬先生的考证，《扁鹊镜经》传承于世起码分为徐元文、吴旂两支，且皆源自杨耀祖。徐倬先生的工作，不仅接力了《扁鹊镜经》这部伟大的医著，并考证了传承过程中的细节，研究成果已见诸书中，实为《扁鹊镜经》传承研究又一大

---

① 徐倬辑校.扁鹊镜经.北京：人民卫生出版社.2021 年 9 月第 1 版.p175.

② 徐倬辑校.扁鹊镜经.北京：人民卫生出版社.2021 年 9 月第 1 版.p39-40.

功臣，也为进一步研究杨耀祖乃至与傅山的关联提供了新线索。但杨耀祖行述仍有诸多未解之谜，下面作一些梳理分析：

关于杨耀祖行述。依据清顺治十一年（1654）岁次甲午桂月朔日《秦承祖脉经杨耀祖跋》文，可简单罗列：

明万历三十三年（1605）乙巳，杨耀祖生于山西平定；

明万历四十七年（1619）己未，十五岁，为贡生；

明崇祯元年（1628）戊辰，二十四岁，为兵部进士；

明崇祯十二年（1639）己卯，三十五岁，为仪真守卫；

清顺治十一年（1654）甲午，五十岁，被授"金陵医王"皇匾；

清顺治十六年（1659）己亥，五十五岁，任仪真守卫；

清康熙十六年（1677）丁巳，七十三岁，居金陵慈庵卫舍；

清康熙十八年（1679）己未，七十五岁，任胥江五载，真江卫署；

康熙二十二年（1683）癸亥，七十九岁，入佛门。

但对照于乾隆、光绪《平定州志》的记载，比对于顺治《太原府志》，以及《五灯全书》之《大原慈庵杨耀祖进士》"中康熙癸卯解元，联登甲榜"记载，乃至"康熙己未（1679）上巳后二日年家眷弟太原杨耀祖浣手拜书于真江卫署"，为蒋介繁辑《本草择要纲目》一书序文中"卯辰之役，联获隽游于京师，益以壶中术。稍见知于当世王公大人及缙绅先生。未几，授真卫守军输钱谷"等记述。记述中的矛盾之处主要集中在杨耀祖科甲及第与任职上。

现辩证如下：

其一，明代科举，崇祯间武科复考于崇祯四年（1631）辛未，崇祯元年（1628）戊辰并无武科科考，"戊辰兵部进士"之说不能成立。

其二，明清两朝武职官职不同，前者设卫，一曰京营，二曰上直卫，三曰京卫。京卫归五军都督府，计三十三卫。洪武十三年（1380）设扬州府仪真卫，洪武二十二年（1389）设安庆府安庆卫，洪武二十三年（1390）设徽州府新安卫。

后者设八旗、绿营，绿营设督标、抚标、提标、镇标（河标、漕标）、协、营、汛。"真江卫署"为明称，非清制。直到"康熙己未"仍沿用明代官制，犯忌。

其三，《东南记事》记述："顺治十一年（1654）甲午正月，王在金门，名振再入镇江，抵仪真，还逼吴淞关，遣使致启献捷。"①说明此间仪真仍在争夺中，此一职位不可能延之清代。

其四，关于真州地名，明洪武二年（1369）己酉即撤销，改为仪真县，雍正元年（1723）癸卯改为仪征。

其五，直至雍正二年（1724）甲辰平定州才升为直隶州，万历《太原府志》记事起自明初，迄于万历四十三年（1615）。顺治间不知名者作续，记事上承万历《太原府志》，下迄明亡。顺治《太原府志》则只记录顺治元年（1644）甲申至十一年（1654）甲午间事。平定州隶属太原府，若杨耀祖早在明代即登科甲，出任"仪真守卫"，府志中不会没有记载（同时期的平定州其他武举则有记）。

所以，应该以乾隆、光绪《平定州志》记述为准，即杨耀祖康熙二年（1663）癸卯科乡试武科成解元，康熙三年（1664）甲辰科会试成武进士，之后任职安庆右营游击。如此也便顺理成章解读了《五灯全书》中杨耀祖顺治五年（1648）到十年（1653）间沁州永庆寺拜见尺木休而开悟的记载，也基本印证了乾隆、光绪《平定州志》中甲申国变前悬壶于太原开化寺炼药读书精舍的记载。

二、傅山与杨耀祖

在乾隆、光绪《平定州志》中，有这样一条十分珍贵的记载："杨耀祖，字丕显，幼遇异人汪健阳，遂精岐黄术，为晋省诸大吏所重。流寓太原，傅山疾，非公药勿嗽也。开化寺有公炼药读书精舍。癸卯（1663）领解，甲辰（1664）

① （清）邵廷寀著.东南纪事.北京：北京古籍出版社.2002年9月第1版.p194.

成进士。在京王大臣咸礼之，名动一时，人呼'仙医'。"①可见，早在甲申国变之前，从异人汪健阳精岐黄术的平定杨耀祖曾流寓太原，在开化寺设炼药读书精舍，傅山常往就诊，而且非其药勿噉。二人之间的医患关系、信任关系均可得见。杨耀祖在开化市设炼药读书精舍始于何时无有记载，但从起义军占领太原到甲申国变间的内乱，乃至甲申后傅山避居晋东的实际分析，杨耀祖在开化市设炼药读书精舍的下限应在甲申国变之前。傅山与杨耀祖相识于太原开化寺炼药读书精舍，这期间，傅山应科考，务博综，但体弱多病，非杨耀祖药不噉。

甲申国变，尽管找不到杨耀祖行述记载，但可以推想的是，傅山等家居太原者皆平定、盂县避难，并以道士身份为掩护，行医布道，矢志于反清复明；杨耀祖自当撤离太原回到平定，而从其后来的轨迹分析，应该精研医道，涉足科考，走入释家。但最终，不论是始终以道士身份抗拒清廷的傅山，还是栖身官场的杨耀祖，均殊途同归于悬壶济世，以传承弘扬中华医道为己任，而且一南一北享誉大江南北。早在甲申国变前，傅山与陈谧常行走于府城，拜访名流，结交同好，搜寻碑刻，有病非杨耀祖药勿噉。由此判断，傅山甲申避乱选择平定、盂县，除了出家拜师求道的原因外，相偕陈谧问医于杨耀祖或亦为重要目的之一。但由于找不到相关的文献记载，傅山与杨耀祖交往的研究难以继续，此抑或为学术界研究傅山而忽略杨耀祖研究的缘由。

但一个与傅山、杨耀祖均有交集的关联人物不能忽视，这便是尺木休禅师。前文所述，《五灯全书》"大原慈庵杨耀祖进士"中记述杨耀祖见示尺木休而开悟。傅山则在其晚年从平遥往沁源先师山，经沁州返回平定时，小住沁州永庆寺，曾写下《题尺木禅师影堂壁，韵依秦天章，时辛酉首夏之吉》，"重过

① （清）赖昌期 张斌等纂修．光绪平定州志木刻本．卷之八·人物·方技．p52.

沁土一瞻依，莫扣阿师臆可思。尺木焉支半天倾，寸才安驾地全欹？"①回忆寺中会面尺木休禅师的情景。《傅青主二十三僧纪略》②中这样记述尺木禅师，"明宗室也，历访名山大川，雅不与庸俗人言，其所抱负，有大而无外之概。予慕其风而访之，坐谈之下，议论横生，夫乃知造物生人，诚不得以资格论也。"在《傅山全书·杂训一》③中，记载有"后生辈知尺木大士堂戒：'有人无血色者，不得入。'"可见，尽管傅山、杨耀祖访问尺木休禅师的具体时间无从考究，或二人同往，或分别前去，但相见尺木休的时段当均在顺治五年（1648）至十年（1653）间，地点即沁州永庆寺。或许傅山与陈谧确曾学医于杨耀祖，只不过由于无法知晓的原因未见之记载；或许甲申国变后傅山与杨耀祖选择了不同的道路，傅山矢志于反清抗清，杨耀祖致力于科举应试，道不同不相与谋。但傅山与陈谧走访晋东民间，寻方采药，悬壶民间，与诸如魏泰等熟悉仲景《伤寒论》儒医探求医道，乃至后来在府城合开药铺"大宁堂"，确是活生生的事实。

值得一提的是，"朱衣道人案"后，傅山曾于顺治十三年（1656）丙申南下，先后至沛县、金陵、淮安、海州等地，拜访阎尔梅、阎修龄、阎若璩等学者名流。徐元文《秦承祖脉经》序文记述，"观仪真卫守杨耀祖赠礼《秦承祖脉经》精抄本，乃忆家父家母疾恙之体，得益杨父诊而愈也。且忆顺治十一年（1654），授杨父金陵医王之誉。遂读《秦承祖脉经》数月，乃《黄帝内经》《扁鹊镜经》《公甫文伯脉经》三书合集也。皆披陈条理以明机，详其精义而言约。"说明此间杨耀祖已成江南名医，而徐元文在其序文中尊称杨耀祖杨父，

① 刘贯文 张海瀛 尹协理主编.傅山全书·卷十三.太原：山西人民出版社.1991年12月第1版.p252.

② 邓之诚著 唐长孺批注.唐长孺批注 骨董琐记全编.北京：中华书局.2021年7月第4版.p34.

③ 刘贯文 张海瀛 尹协理主编.傅山全书·卷二十九.太原：山西人民出版社.1991年12月第1版.p513.

《平定州志》
所记汪健阳与郭还阳

且常为其父母就诊，可见杨耀祖与徐家交往之深。徐元文乃顾炎武外甥，依傅山与杨耀祖甲申国变前在太原间的交情，傅山与顾炎武后来的交往，傅山千里江南，二人似因相见，却未见诸记载。此一推断也只能存疑待证，期待新资料发现。

三、傅山与郭还阳、卢丹亭

明末清初，晋东郭还阳、汪健阳两道士十分出名。康熙十一年（1672）《寿阳县志》对郭还阳记述详尽：

"皇清还阳子，姓郭氏，名静中，河南修武人。方髫时，夜每梦驱龙为行雨状，差长则厌薄世故，慨然欲与安期、黄石辈为侣，遂弃家去。过华阴，遇异人刘，授以金丹之秘，兼传五雷法，由是还阳尝往来晋、赵、燕、齐，以及豫、章、楚、粤间，踪迹灵异莫可测。遇岁旱，则诸抚臣、藩臬与郡县之长吏，辄走书数百千里，迎还阳为祷雨。还阳祷时无他异，但结一坛，登坛以掌中雷印据案一击，则霹雳应手，大雨如注，而霈足仅及其所祷之境，他处率不能得甚。且求之者众，弗暇躬往，第各书一符付之，持符者方入境，不待焚而雨随集，其救旱神术类若此。藁邑数苦河，还阳为作法以镇河，河徙数里，藁人立祠祀之。历城有趵突泉，竭涸已久，还阳以铁符券三纳之，泉中水即复出，高突过于曩时。诸如驱蝗蛾、愈暴疾、逐厉改井，奇验不可枚数。一日过寿阳之太安镇，谕镇人曰：'此去西北里许，当有吾容足处。'镇人如言卜筑，即今五峯山龙泉菴也。菴成，自是乃定居焉。时晋藩慕其名，命于会栝园中特建道院，延还阳居之，未几即辞归。还阳于书无不通，尤邃于《易》，其所容纳必天下第一流。鄗之赵南星与还阳为方外交，最相得，方南星位冢宰时，

康熙《寿阳县志》所记郭还阳

欲请于上赐以真人号，会有汪文言之狱事，遂寝。甲申岁，太原傅山避地于龙泉，知还阳道甚高，以师事焉。本朝顺治初，还阳年近百岁许，颜色少好如童子。忽一日呼门人具浴，浴毕端坐而逝，肢体柔缓如生。"[1]乾隆、光绪《平定州志》记述汪健阳十分简略："汪真一，字健阳，束鹿人，善修炼术，筑室州之禅岩，仅可容身，以窦进食者三年。"[2]而此二道士各有高徒，郭还阳传傅山，汪健阳传杨耀祖。傅山与道师，早在明季即识于晋王府；而杨耀祖，也早在明天启年间即投禅岩汪健阳门下。

关于郭还阳与汪健阳二道士的交往，尽管找不到相关记载，但结果应该是不言而喻的。郭还阳修行之龙泉庵在寿阳太安驿五峰山，汪健阳修行之禅岩在平定狮子山，不仅同在官道，而且距离临近，二人的交流也是必然的。推想早在万历四十七年（1619）己未，汪健阳无意间觅得大唐咸通四年（863）石艾

---

① （清·康熙）吴祚昌纂修.寿阳县志.卷之六·人物·仙释.p16-17.
② （清）赖昌期 张斌等纂修.光绪平定州志木刻本.卷之八·人物·方技.p54.

蒲台医僧慧真蜡封之《秦承祖脉经》《外经微言》《辅行诀》镇寺三宝，可谓"千年医缘识慧"者，必然以保护传承研究为己任，既于天启五年（1625）携杨耀祖入禅岩洞，授《秦承祖脉经》诸书，也必会与同道郭还阳交流共享。所以，郭还阳不仅应得见唐代慧真《秦承祖脉经》《外经微言》《辅行诀》镇寺三宝诸书，也同样以保护传承研究为己任。

傅山甲申国变前未曾涉医，悬壶济世始自避乱平定间。嘉庆六年（1801）辛酉举人孙毓芝传承傅山《临产须知全集》《傅青主男科》《小儿科》等医籍即是佐证。普遍的说法是，傅山医道传自道师郭还阳亲授，有《雪中过五峰道师留夜谈》诗为证。留夜所谈内容，表面上看似"静夜发微论，有身良可哀"的情感宣泄，乃至"兴亡从世局，忠孝自成天"的家国情怀，其实最主要的内容还是传道、受业，所传之道乃道家经典，所授之业乃活人救命医籍，其中即应包括《丹亭真人卢祖师养真秘笈》《丹亭真人悟真篇》《丹亭真人卢祖师玄谈集》等，以及汪健阳传出之《秦承祖脉经》《外经微言》《辅行诀》三宝。

刘霖在《霜红龛集备存·例言》中记述："又闻有《十三经评》《十七史评》《韵会小补评》《老子庄子评》《幼科丹经》《女科丹经》……亦可存其目以俟补。"[1]其中有《幼科丹经》与《女科丹经》，或皆为道医典籍。所以，有必要就傅山与卢丹亭及《丹亭传道密集》再作分析。

《丹亭传道密集》包括有《丹亭真人卢祖师养真秘笈》《丹亭悟真篇》《丹亭真人卢祖师玄谈集》与《丹亭问答》，前两种署"太原傅山青主录"，第三种署"太原傅山青主手录秘本"，《丹亭问答》则署"太原傅山青主纂"。此四种道家医籍均为孤本，藏之台湾一图书馆，由学者萧天石整理影印收录其主编的《道藏精华》丛书，1983年出版印行。

---

① （清）刘霖等编.霜红龛集备存.民国元年阳曲高等小学堂版.例言.p3.

　　关于卢丹亭其人其道，萧天石在《丹亭真人传道密集·序》①中引述《青城秘录》《少室山房杂记》等记载，作了简叙。"丹亭真人为神仙世家，当非悬想。以《洞天秘典》亦称卢真人，并云'代有祖传仙籍秘书，擅吐纳导引之术，能变化形骸，行气有主。尤精医道，有起死回生之妙手。行住无定所，不欲人知，而真能以自隐无名为务者也。'是以丹亭真人之为道门隐仙派中人，此书之传，乃其入门之传道语录也。"从《少室山房杂记》所记"丹亭济源人，博学能文，究易穷道，尤深于炉鼎铅汞长生不老之术，变化性命神化无方之诀。平生好游名山洞府，行至无定，来时自来，去时自去，忘生老病死，无往而不自在逍遥也。"《青城秘录》所记"真人久隐庐山，足迹遍五岳名山洞府，曾一度至青城峨眉。二百余岁时，犹步履如飞，鹤发童颜，骨弱筋柔，犹孺子也。"乃至了一子云"先生精于《易》，主太极，体乾坤，用坎离，翼姤复，会蒙屯，而贯通于先天无极者也。于《易》不重象数，反灾祥，轻占卜，而主性命。谓性命之修，全在卦爻之逆用。又谓《易》，逆数也，逆道也，逆理也，逆用也。逆则成，反则通。往复则神，颠倒则功。其先世卢敖、卢生，皆天府中仙人也。"真人语玉川子言"金丹之学，心学也；金丹之法，心法也；金丹之道，通阴阳之道也；金丹之功，了性命之功也。一以贯之者，老子之道法自然也。字博地凡夫以至圣人，欲了生死大道，未有外此者也。"卢丹亭其人其道可见一斑。

　　傅山与卢丹亭的关系，乃至郭还阳与卢丹亭的关系，萧天石的研究也仅得出一个不确定的结论："在四大儒中，深于道家之丹鼎道妙者，惟青主与船山二人。而确有师承，深造有得，并以黄冠终其生者，则仅青主一人而已。青主曾师事龙门派卢祖师丹亭真人，尽得该派秘诀法要，纂录以传世。又受道法于雨师还阳真人郭静中。或曰静中即丹亭真人，然乎否乎？不得而知也。以世人

---

① 转引自董沛文主编.玄门宝典·第二编.北京：华夏出版社.2017年年8月第1版.p335-336.

传说，语焉不详，又缺精确之史籍可考，而丹道门庭与神仙家中人，类皆隐晦其迹，不欲人知，亦不欲传也。故恒喜多所署名，藉隐名而逃名，不一而足也，即此之故。"[1]

所以，笔者以为，无须纠结于郭还阳是否即卢丹亭，傅山是否师事卢丹亭。重要的是，傅山甲申国变出家五峰山龙泉庵郭还阳门下即为道教龙门派弟子，郭还阳也好，卢丹亭也罢，皆龙门派真人，傅山传承道家龙门派经籍、医籍顺理成章。

四、傅山与陈士铎

在傅山已经离世后的康熙中叶，发生了一件与医籍传承相关的传奇，这即是所谓"遇仙传书"案。有浙江绍兴陈士铎者，先后传出《石室秘录》《辨证录》《洞天奥旨》等医籍。

《石室秘录》，国朝陈士铎撰。铎字远公，山阴人。是书托名岐伯所传，张机、华佗等发明，雷公所增补，凡分一百二十八法，议论诡异，所列之法多不经见，称康熙丁卯（1687）遇岐伯诸人于京都，亲受其法。前有岐伯序，自题"中清殿下弘宣秘录无上天真大帝真君"，又有张机序，自题广德真人。方术家固多依托，然未有怪诞至此者，亦拙于伪作矣。

陈士铎在《辨证录·自序》中详述其京师"遇仙传书"经历：

丁卯秋，余客燕市，黄菊初花，怀人自远。忽闻剥啄声，启扉迓之，见二老者，衣冠伟甚。余奇之，载拜问曰："先生何方来，得毋有奇闻诲铎乎？"二老者曰："闻君好医，特来辨难耳。"余谢不敏。二老者曰："君擅著作才，何不著书自雄，咕咕时艺，窃耻之。"余壮其言，乃尚论《灵》《素》诸书，辨脉辨证，多非世间语，余益奇之。数共晨夕，遂尽闻绪论。

---

[1] 转引自董沛文主编.玄门宝典·第二编.北京：华夏出版社.2017年年8月第1版.p337.

阅五月，别去，训铎曰："今而后，君可出而著书矣……"

《洞天奥旨》陈氏曾孙凤辉跋曰："所著有《素》《灵》《本草》《伤寒》《六气》《外经微言》《石室秘录》《辨证录》《脏腑精鉴》《脉诀阐微》《辨证玉函》等书。"

关于陈士铎"遇仙传书"，自清道光以来，多以为传书者非是神仙，乃傅青主父子。如耿廷鉴《傅青主先生医学著作考证》[①]，何高明《陈士铎"遇仙传书"考》[②]等文中均详细论述，当然持不同观点者也大有人在。笔者倾向于傅青主父子传书的观点，但也有不同见解，拟补充论述于下。

首先，"遇仙传书"与万历四十七年（1619）汪健阳无意间觅得大唐咸通四年（863）石艾蒲台医僧慧真蜡封镇寺三宝中，均有《外经微言》，间接印证了汪健阳曾将《秦承祖脉经》《外经微言》《辅行诀》共享于郭还阳，郭还阳传授傅山，傅山再传陈士铎的可能。"遇仙传书"所传《外经微言》一书共九卷，卷各九篇，计八十一篇。第一卷论述养生、天葵、月经、子嗣、寿夭等；第二卷论述经络始终、标本顺逆；第三、四、五卷论述五行生克、脏腑气化；第六、七卷论述五运六气、四时八风；第八卷论述伤寒、温疫；第九卷论述阴阳寒热等。卷首题"岐伯天师传""山阴陈士铎号远公又号朱华子述"，每篇末均有陈士铎释读文字。并非巧合的是，在万历四十七年（1619）汪健阳无意间觅得大唐咸通四年（863）石艾蒲台医僧慧真蜡封的镇寺三宝中，除了《秦承祖脉经》《辅行诀》外，也有《外经微言》。对比"元嘉二十年（443），秦承祖辑《黄帝脉经》《扁鹊镜经》《公甫文伯脉诀》为《脉经》，合《明堂》《针

① 太原市中医研究所 傅山医学研究会编编.傅山医学研究集·考证.太原:内部刊印.1987年.p445.
② 太原市中医研究所 傅山医学研究会编编.傅山医学研究集·考证.太原:内部刊印.1987年.p356.

经》《本草》《辅行诀》为医之五经，奏置医学署，以广教授焉"，大唐咸通四年（863）石艾蒲台医僧慧真蜡封镇寺三宝之《外经微言》，或应包含《明堂》《针经》《本草》。但尽管两种《外经微言》内容不完全相同，结合"遇仙传书"中《本草秘录》等传书，也说明此《外经微言》确与万历四十七年（1619）汪健阳无意间觅得大唐咸通四年（863）石艾蒲台医僧慧真蜡封镇寺三宝之《外经微言》相关，或许是在传书过程中作了重新整合。"遇仙传书"所传并无有《秦承祖脉经》《辅行诀》等医著，自然也没有《扁鹊镜经》，也无有《丹亭真人卢祖师养真秘笈》《丹亭真人悟真篇》《丹亭真人卢祖师玄谈集》与《傅青主丹亭问答集》，说明傅山传书陈士铎仅为其传承部分医籍，或者说傅山将全部医籍同时传授了陈士铎，只是陈士铎未能再传于世。

此外，"遇仙传书"中有十六卷《洞天奥旨》，与记述有卢丹亭行述的《洞天秘典》同样值得对比研究。

当然，传承古人医籍，只能述而不作，或言"录""秘录""习""敬习""述""敬述"等等，无须画蛇添足，过度解读。这些医籍既非陈士铎医著，也非傅山医著，或傅山传承于古人的医籍，《石室秘录》或即岐伯传书，《辨证录》或即岐伯、仲景传书，《外经微言》或即岐伯传书……真正傅山撰著者，《傅青主女科》《傅青主男科》《大小诸证方论》《傅青主丹亭问答集》是也。

五、杂取诸家与形成自家

在傅山的研究中，就其甲申国变出家为道后言，多集中于以道士身份为掩护，矢志于行动上反清复明与思想上的反理学抗争，至于行医布道，往往被视为谋生的手段，或术的层次。其实，傅山甲申国变出家，已经成为一名道士，传道、受业乃其道士使命，这其中即包括道家经典、医籍的传承，《丹亭真人卢祖师养真秘笈》《丹亭真人悟真篇》《丹亭真人卢祖师玄谈集》与《傅青主丹亭问答集》的传承如是，"遇仙传书"如是。但傅山也从不拘泥于各类医学典籍，"读三年方书，天下无可治之病。治三年病后，天下又无可读之方。此古人经历实在之言。"①诗词歌赋、书画金石、音韵训诂，仅其表现形式、研究方法而已，评注经、史、子三部及佛道三藏之书，学究天人，道兼仙释，萧然物外，自得天机，才是傅山思想与学术的精华。"盖其一生奇气欻崛，介然高蹈，遁隐岩穴，超然自在。虽学通儒佛，而仍以神仙事业终。良以隐于佛，不如隐于仙，即不如隐于道也。虽冒百家之统，复通万流之要，故上圣者流，无不欲自归于道也。"②

论中华文化，早在儒道释前，天地人三才相统一天人合一的思想即已形成，《易》，包括《连山易》《归藏易》与《周易》，也早已成为中华文化的源头活水，融哲学、科学、人文于一体，以阴阳相反相成，五行生克制化，干支循环往复释解大千世界。不论儒家学说、诸子百家，乃至道教形成，几乎都植根于天人合一思想。佛教传入中土后，诸派林立，但同样融进了天人合一的思想。至于医道，唐人孙思邈曰"不知《易》，不足以言太医。"从根本上诠释了中华医学的理论体系。这里特别值得一提的是，早在《素问·六元正纪大论》中即有"归藏"之名。"太阳所至为寒府，为归藏。"在传承两千余年的《扁鹊镜经》中，其《八舍》《通天》等篇目中已有"归藏"之法。《内经》为中华医学之根，也是《易经》的直接应用，即所谓易之为体，医之为用。

"朱衣道人案"后，傅山致力于经、史、子三部及佛道三藏之书的研究，深刻反思经学特别是理学，同时精心于《内经》研究批注，融会贯通于诸家医籍，"甲申之变，遂弃青衿，游行大江以南，数年而返，焚其著作，日以医道活人，神奇变化，泄《素问》之秘。"③一生行迹遍天下，以海纳百川之气势

---

① 刘贯文 张海瀛 尹协理主编.傅山全书·卷四十二.太原：山西人民出版社.1991年12月第1版.p867.

② 转引自董沛文主编.玄门宝典·第二编.北京：华夏出版社.2017年年8月第1版.p337.

③ （清）周人龙 窦谷邃纂修.光绪忻州志.卷之七·人物·武科目.p31-32.

吸收众医家之长。明末清初，太原府城有杨耀祖开化寺设炼药读书精舍外，还有杜缵宇、孙寿山两位名医悬壶济世，记之于《阳曲县志·方技》。傅山善用附子、人参或均与此相关。亦师亦友的汾州胡庭、胡同兄弟，傅山"时时从问方药"。同道好友陈谧，合作创办"大宁堂"药铺，并坐堂把诊之外，经常在一起研讨医道。后世徐昆在其《柳崖外编》、邓之诚在其《骨董琐记》、葛虚存在其《清代名人轶事》、况周颐在其《眉庐丛话》中，均记录了傅山诸多病例病案，至于流传于民间田野的故事更是不计其数。

纵观傅山医文、医著、医案与《内经》等批注，尽管入道后始终以道门弟子传道、受业于世，但就其医学理论与医学技艺而言，不应简单归入儒医、道医或佛医，应该是吸纳诸家的融合，辩证诸家的扬弃，兼容并蓄于自家的"神医"。当然若从其以《内经》思想为核心角度分析，《易经》为儒家群经之首，明人张介宾言"《易》具医之理，医得《易》之用"，傅山也可以称之为儒医，这也是傅山在自家"卫生堂药饵"亲书"以儒学为医学，物我一体；借市居作山居，动静常贞"对联的诠释。

傅山医学师承，与其说杂取诸家，不如说植根于中华天人合一的传统文化。而《傅青主女科》《傅青主男科》《大小诸证方论》《傅青主丹亭问答集》等医著，乃至传承的医籍，都是傅山为后人留下的珍贵遗产。

"北傅南储"留佳话
——清初阳曲傅氏与宜兴储氏交游考

明末清初山右太原府街头牌坊中，"黄甲联芳""三凤坊"与"青云接武"十分显眼，是"版筑后裔"明末傅霖、傅霈与傅震三兄弟荣登科甲的象征，堪称科举美谈。无独有偶，在江南宜兴，南宋咸淳六年（1270）储文璧、储文郁、储文三兄弟同榜中进士，后人称"老三凤"。储氏发展到清初，先有储方庆中第一，其兄储善庆中第六，本家储振中第八，"三凤"同登进士，后有储方庆五子储右文、储大文、储在文、储郁文、储雄文先后均登进士"五凤齐飞"。直至雍乾间，储在文子储晋观，孙储室书、储秘书均再登进士。山右傅氏、江南储氏，均属兰桂齐芳一门多秀的典型代表。本文将南北两个看似毫无相干的望族相提并论，冠以"北傅南储"之名，并非附庸科举，而是旨在围绕中国思想文化界的杰出人物、清初六大师之一的傅山，考证其生前卒后在思想传播、诗文传世等方面，与储方庆、方庆次子储大文、外孙瞿源洙，乃至储大文学生张耀先的交游关联。

一、储方庆出仕清源知县，结交傅山、傅眉父子，己未"博学鸿词"间交流颇深

储方庆（1633—1683），江南宜兴人，字广期，号遁庵，康熙六年（1667）进士，康熙十四年（1675）授山西清源知县。南方用兵时，居民赋役繁重，力求平均，使民稍得息肩，十八年（1679）举博学鸿词未中，有《遁庵文集》。太原、宜兴相隔不止千里，傅山虽一度南游南京、淮安、海州等地，但从存世资料分析，与储方庆并无交集。二人的交往始于储方庆康熙十四年（1675）出仕清源知县后，清源为太原府属县，与府城咫尺之遥。尽管上任清源知县即面临治理白石河洪患与为驻防晋阳军队筹备运送粮草两大难题，但对于储方庆这样一位能臣而言，并不在话下。在任三年间，他走遍清源山水，有效治理了白石河患，化解了诸多社会矛盾。《清源乡志》"清源八景"诗中即有其《平泉流碧》诗，以诗言志：

> 不老池边且濯缨，可能洗耳便埋名？
>
> 千章灌木稀人迹，百道流泉和鸟鸣。
>
> 此地自宜耽寂寞，使君何意厌逢迎？
>
> 琴高一去无消息，有约来骑海上鲸。

康熙十六年丁巳（1677），储方庆有《与傅青主书》，收录于其《遁庵文集》卷一、卷十二中还收录有《赠傅青主》《别傅青主》《柬傅青主》等诗。存世资料十分有限，但从这些零星的文字中仍可看出二人的交往。二人最后一次见面似在康熙十八年（1679）的京师，其时傅山、储方庆均被征入京博学鸿词，傅山称病不试，储方庆应试未中。羁京师间，储方庆"一无所事事，风雨霜雪，闭门拥炉火，读太史公《货殖传》，晴日则走平子门，与寿毛论十洲三岛事，用以消遣时日。"[①] 傅山好友同学戴廷栻自祁县不远千里往京师探病，储方庆作《太原傅先生病卧燕京，其友戴君不远千里来视之，余高戴君之义，亦知先生能择友也，赋诗记其事》诗赞之，五月十五日为傅眉《我诗集》作序，可见交往至深。

二、储大文纂修《山西通志》，瞿源洙参修，摄于政治压力不得不回避傅山及其诗文

储大文（1665—1743），字六雅，号画山。储方庆次子。康熙五十三年（1714），应京兆试，才智出众。六十年（1721）应南宫试为二甲进士，授翰林院庶吉士，散馆，授编修。清文学家、修志名家。性聪颖，初以制艺名，后钻研古学，尤精研舆地形势。曾参与纂修《词谱》《曲谱》。以病归，主维扬之安定书院，学者多宗之。著有《存研楼文集》等，并纂有《山西通志》二百三十卷。所纂雍正《山西通志》注重考订，搜稽精核，《四库全书总目》称"大文于地学颇能研究""故此志山川形势，率得其要领""亦有资考据也"。

瞿源洙，字时夏。储方庆外甥，副贡生，清文学家。幼聪颖，读书过目成诵。从舅父储大文读书九峰楼，日与郁文、雄文诸舅氏及门下诸名士互相问难。尤好古今地利形势，历代田制、兵制、选举、刑狱诸制，条分缕析，大文奇之。曾从伯舅右文于京山县署，县邑烦剧，簿书、钱谷、刑名及批核皆有其力。暇则与诸舅中表分韵赋诗，皆推服之。归里后授徒九峰楼，雍正八年(1730)，赴晋助储大文纂修《山西通志》。

雍正《山西通志》中与傅山交往的朱彝尊、阎若璩、王士祯、魏象枢、曹溶、吴雯、白孕彩、储方庆、毕振姬、孙奇逢、李中馥、朱之俊、潘耒、范鄗鼎、阎尔梅、梁檀等人的诗文均有收录。傅霖、傅需、傅震三兄弟也仅列在《科目》中，而傅山名讳仅见于《艺文》两处旁及，一为周在浚七古《郭林宗祠下观傅青主、郑谷口重书蔡中郎二碑歌，用少陵〈李潮八分小篆歌韵〉》，一为朱彝

---

① 刘贯文 张海瀛 尹协理主编.傅山全书.太原：山西人民出版社.1991年12月第1版.
p5113.

尊五律《周郡丞令树迁太原守,诗以送之,兼怀傅处士》。至于流寓晋土与傅山交往甚密的顾炎武、屈大均、李因笃,顾炎武仅录其《太原考》文字,屈、李二人则只字未提。

储大文《存研楼文集》所收《〈山西通志〉序》中瞿源洙后跋记述,"庚戌岁,源洙从舅氏适晋,走趋书局中,几阅一载,其时正草山川、关隘、驿道、兵制等类,搜奇抉奥,洞视千里,其高下险易之势,远近广狭之形,以至历代经制之得失厉害,其所以指核紧要者,缕悉如

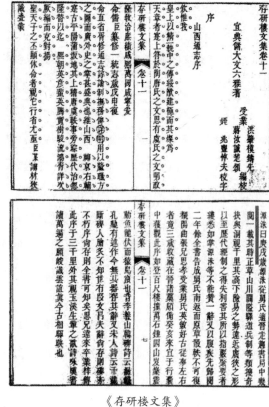

《存研楼文集》

掌。源洙等不能赞一辞,又以腹病先归,阅二年余,全书告成,舅氏南返而原草散轶不可复睹,阳曲张兄思孝受业舅氏,英敏好古,从事左右者竟三岁,收藏在晋诸稿颇备。癸亥来宜,于行囊中获观此序,如登百尺楼撞万石钟"①。这段文字可以印证,储大文与瞿源洙在雍正八年入晋纂修《山西通志》,瞿源洙一年后离去,储大文三年后全志告成方南返。储大文纂修《山西通志》的三年间,阳曲张思孝自始至终不离其左右助修。直到储大文离晋南返十年后的乾

---

① (清)储方庆.存研楼文集.木刻本.卷十一 p7.

隆八年（1743），张思孝不远数千里往宜兴，求正所学，而先生病革，手授《存研楼文集》。

傅山早在明末即因"伏阙讼冤"而名闻天下，他又是储方庆好友，康熙戊午两人曾同赴京师"博学鸿词"，就连其外甥瞿源洙入晋后也前往崛峒山寻傅山遗迹，师事其纂修《山西通志》的张耀先，既是傅山长孙傅莲苏弟子，也是傅山私淑弟子张亦堪的学生。储大文在晋三载有余，纂修新志必参考旧志，而康熙二十二年（1683）的《阳曲县志》《山西通志》中都有着傅山的诸多诗文收录。所以，方志回避傅山及其诗文，当另有原因。

雍正六年（1728），朝廷就地方志编纂事宜专门谕旨，要求"各省督抚，将本省通志重加修辑，务期考据详明，采摭精当，既无阙略，亦无冒滥，以成完善之书"，"如所纂之书果能精详公当，而又速成，著将督抚等官，俱交部议叙；倘时日既延，而所纂之书又草率滥略，亦即从重处分"。雍正八年（1730），广东巡抚翻阅《大义觉迷录》间，从其中张熙所供称钦仰的广东"屈温山先生"一语中，直接与屈大均相联系，因屈大均号"翁山"，疑"温山"为"翁山"之误。在屈大均《翁山文外》《翁山诗外》诸书中，发现"多有悖逆之词，隐藏抑郁不平之气"，就此上奏朝廷。屈大均子屈明洪闻讯自动投案，缴出父亲诗文著作与雕版。刑部受理，拟对死去30余年的屈大均戮尸，雍正皇帝念屈明洪投案自首，免除戮尸，将屈明洪以及二子遣戍福建，焚毁屈大均诗文著作。这便是轰动一时的屈大均案。

迫于当时的政治生态，特别是所谓"屈大均案"的影响，储大文纂修《山西通志》，对于收录不与清廷合作的明遗民慎之又慎，在对与屈大均过往甚密的顾炎武、傅山等反清复明的知名人士取舍上，只能采取回避的态度，当然即便是有心或无意间写入，也必然遭遇审核把关的总裁、监修删除。通志虽未收录，但其初的征访、整理工作不会成为无用功，于是促成了其时及后来傅山诗文集结，诞生了《霜红龛集》，闻喜张亦堪为始作俑者，阳曲张耀先为集大成者。

三、储门弟子张耀先参修《山西通志》，克继师志，搜罗傅山诗文，编辑《霜红龛集》行世

尽管自雍正八年（1730）以来大兴文字狱，甚至傅山及其诗文著述都被排斥入志，但在民间，在文人学者间，收集整理傅山诗文著述者大有人在，其中始作俑者即傅山好友闻喜张根朴之孙张亦堪。

张亦堪（1677—1733），字直甫、质夫，工隶、楷，诗古文咸有法度。尝从学太史赵执信，大为器重。尤邃于医学，有《说楷》一书存世，自序曰："余私淑青主其孙长房，复受业秋谷之门，始微窥楷法所从。"[①]同时一直在搜罗傅山文字，拟刊刻行世。河东盐法道运同王又朴以雍正八年（1730）免官赴召时，曾往见张亦堪，即发现傅山有关书法的五条论述录存于箧。但直到其雍正十一年（1733）客死江右，也未能实现愿望，且所搜罗傅山诗文全部散失。

但十分幸运的是，张亦堪的学生，也是傅莲苏、储大文的弟子，阳曲张耀先，在张亦堪不幸离世后，克承师志，又经过十余年搜罗，于乾隆十二年（1747）在宜兴乘为其师储大文刻印《存研楼文集》之便，刻成傅山《霜红龛集》。

书前有阳羡瞿源洙与吴郡李果序文各一篇。瞿源洙在《霜红龛集》序文中记述，"霜红龛者，阳曲傅青主先生居也。先生著诗古文辞不下数千首，兵燹之余，多散轶，十无一存。闻喜张直甫搜罗汇辑，几于大备，贮之一囊，携以自随，将付梓而未逮。一日客游江右，卒

王又朴《诗礼堂杂纂》内页

---

① （民国）常赞春编.书法南针.民国十二年石印本.序P1.

民国元年版《霜红龛集备存》
瞿源洙序文

于旅邸，或探其囊，先生诗文遂复散失。张君思孝，其肄业弟也，每言及之，辄深致叹惜。因复勤为搜访，亦以一囊自随，凡山龛、石室、药囊、梵笈、黄冠之庐，见其残编剩幅，即手录之不遗，十数年，略得其十之六七。丙寅客居海陵，欲开雕以公诸世，曰：'平阳先生已一失矣，吾不可以再失。'祁邑梁尊甫助之资刊，得诗歌九卷，骚赋二卷，杂文一卷，颜曰《霜红龛集》。又刊《我诗集》六卷，则先生子寿毛居士作也。""平阳先生将梓行之而不果，今思孝克继其志，散而复聚，盖凡好学深思，心知其意者，莫不幸其犹存而惜其不存者尚多也。""今复继平阳之志，克成此书，盖其笃师友之谊，不以死生易志者如此，不特为傅氏之功臣已也。"①书版刻成时，却又遇清廷下令全国进呈各种图书，为避免遭遇文字狱噩运，张耀先无奈挖改刻版，以致最后不得不焚毁全部刻版。幸运的是，挖改本与原刻本文字虽多有异同，但两种版本均流传于世。

道光二十三年（1843）《阳曲县志》对张耀先有这样的记述："张思孝，邑诸生，学识淹博，植操端谨，家藏书籍甚富。闭户诵读，心与古会，声色货利一无所嗜。有显宦以数百金售其《宝贤堂帖》原刻，不肯，盖阿堵物非所计也。雍正间，荆溪储画山先生主晋阳讲席，思孝师之。归后十年，思孝不远数千里往正所学，而先生病革矣，手授《存研楼集》，翌日遂瞑。思孝亲视，含敛持心，丧不去，谋镌其集，躬为订定。一时荆南人士若许重炎、史崧、徐洪

---

① （清）刘霈等编.霜红龛集备存.太原:民国元年阳曲高等小学堂版.原序p7.

钧、瞿源洙辈，莫不高其行谊，以孙百泉、魏易堂诸君子相况，谓不失读书真种，生民真气。其授经上邗也，尽以其修资镌乡先生傅征君《霜红龛集》、魏敏果公《圣人家门图说》暨诸绪论以归。晚年造诣精纯，切仰止者造门请谒，辄以经义指授。子士朴，庠生。”[①]

从储方庆与傅山父子诗文唱和，为傅眉《我诗集》作序，储大文迫于文字狱压力不得不在《山西通志》中回避傅山及其诗文，到储门弟子张耀先搜罗编辑刻印《霜红龛集》，储家外甥瞿源洙为《霜红龛集》作序，北傅、南储两家的交往，跨越百年，延绵三代，不仅书写了名门之间的交游佳话，更为后人留下了宝贵的文化遗产，令人抚卷遐思之际，景仰与温存荡漾心胸。

① （清）阎士骧 郑起昌 纂．道光阳曲县志．民国二十一年铅印本．卷十三人物列传 p55.

傅山研究的首次高峰

——两百年前"傅山学术研讨会"概况及其影响

　　清朝立国，统治者为强化思想控制，从知识分子的作品中摘取"忤逆"字句，罗织罪名，构成冤狱，以此打压汉族排满情绪，此即"文字狱"。始自顺治，经康熙、雍正，乾隆朝达到顶峰，整个清代260余年，"文字狱"案高达200余起。彼时文人学士身处风口浪尖，著书立说如履薄冰，文字中稍有抱怨与不满，或皇帝及其佞臣认定存在影射讥讪朝廷的意思，就有可能身陷囹圄，甚至株连家族。待尘埃落定，公正审视，不难发现除极少确有其因外，绝大多数为捕风捉影断章取义，着实莫名其妙。但即便是在谈虎变色的恐怖环境下，傅山作为气节表率，也从未选择沉默，从行动到思想，始终是勇于抗争的突出代表，虽因此历经磨难而百折不挠。更有一批追随者矢志不渝，于荆棘中从容行事，积极研究传播傅山诗文与思想。从戴廷栻、张亦堪、张耀先到刘贽、苏尔谄，从《霜红龛诗略》《霜红龛集》（张本）到《霜红龛诗钞》，尤其是张耀先所编《霜红龛集》，从初印本、重印本到焚烧刻版，经历了艰难曲折的过程，使傅山大量诗文得以传世。

嘉道后，洋人入侵，社会动荡，于"文字狱"，清廷已是无心无力意兴阑珊。在这样的背景下，整理传播傅山诗文著述，研究传播傅山学术与思想，渐渐成为三晋文化圈显学，虽然尚未达到大鸣大放大张旗鼓的程度，但首次傅山研讨会的举办，已经完全说明了文化思想界的心态变化。从道光初年一直到咸丰四年（1854），掀起了第一次傅山研究高潮，并最终由刘霁于咸丰四年（1854）收罗编辑刻印出史上最全的《霜红龛集备存》（刘本）。

关于清道光壬午（1822）首次"傅山学术研讨会"，任复兴先生曾有专论，本文着眼于傅山研究的一些新资料，对二百年前的这次"研讨会"概况及其影响再作一些梳理与补充。

一、壬午首次傅山研讨会召集人及时间地点

太原府城东北有敦化坊村，清乾隆至嘉道间，居住其间的张姓望族，不仅功名显赫，更有著述留存。

张映宿，字次南，乾隆三十一年（1766）进士，官河南荥阳、甘肃张掖等县知县，身后有《鹤舫诗钞》存世，记载有敦化坊村事。张映宿长子张廷铸，号愚山，优贡生，官平陆县教谕，保举直隶大名府南乐县知县；次子张廷鉴，字郎甫，号静生，嘉庆六年（1801）恩科进士，翰林院庶吉士，官内阁中书，养亲不仕；三子张廷铨，字叔衡，号古娱，廪贡生，署大同府、夏县训导。现存敦化坊村隆国寺碑文①即三兄弟所为，张廷铸撰文，张廷鉴书丹，张廷铨篆额。张廷鉴著有《中庸遗语》，张廷铨编纂《阳曲县志》。自张映宿起，张家便搬进府城，到张廷鉴、张廷铨兄弟时，一直居住于太原楼儿底。直到太原解放前，张廷鉴兄弟当年的居所依然存在，但不知从何年何时起有一部分改成了梁园春饭店，解放后梁园春饭店又改造成为国营楼儿底饭店，20世纪80年代后期饭

---

① 魏民主编．三晋石刻大全．太原市杏花岭区卷．太原：三晋出版社．2011年12月第一版．p15—16.

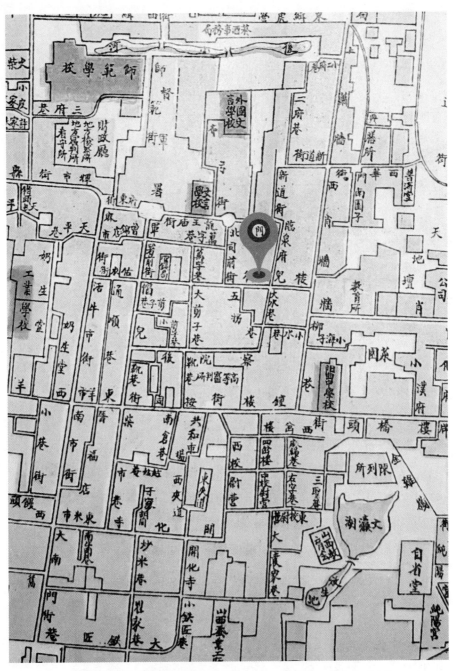

太原老地图中的楼儿底街位置（标记即为张廷鉴兄弟宅邸处）

太原楼儿底街旧照（标记即为壬午傅山研讨会址）

店歇业，2002年鼓楼街南北拆除时被拆。

道光二年（1822）壬午正月十九以后的一年间，张廷鉴、张廷铨兄弟在收集搜罗傅山诗文资料，编抄六卷《傅青主语言拾遗》的基础上，以太原家塾讲学为说辞掩护，在太原楼儿底家宅秘密召集了为期一年的壬午首次"研讨会"。

二、壬午首次"研讨会"参与人及其背景

"文字狱"之风渐行渐弱，但在当时并未根除，为稳妥起见，"研讨会"采取了以家塾讲学为名的特殊方式。"研讨会"参与人计有五台徐润第、崞县张震、寿阳刘霁，以及张廷鉴与张廷铨兄弟。

徐润第，《山西献征》[①]《郡丞徐广轩先生事略》记曰："先生讳润第，字德夫，号广轩，五台人……乾隆戊申乡试中式，乙卯成进士……癸酉子继畲

---

① 民国.常赞春纂缉.山西献征.太原：山西文献委员会.民国二十五年七月.卷五 p20–21.

举于乡，庚辰先生入都。继畲会试报罢，先生亦告归，遂授徒自给。时阳曲张太史廷铨（按，应为廷鉴）与弟廷鉴（按，应为廷铨）方搜辑傅青主先生遗著，且欲以实学为乡里倡，遂延先生于省垣。一时同志如崞县张学博震、寿阳刘明经霶，均以搜讨青主遗著为职志，恒就先生相商榷。先生间为引伸识语，率能得青主言外旨。刘先生所刻《霜红龛备存》录先生所论独多……先生卒后，丁未子继畲巡抚福建，汇而刻之为《敦艮斋遗书》十八卷行世。"

民国初年《敦艮斋遗书》书影

张震，光绪《续修崞县志》①卷五《人物志上·文学》记载："张震，号东墅，别号录录生，沛仁子，承家学，博极群书，读《尚书》《诗》《礼》《离骚》《文选》者，皆经手抄。年十八举于乡，为学益力，笺注《莼经》，校雠子史，家藏金石篆文皆手自题跋。晚好黄老书，摹傅公它。授孝义训导，寻告归。"常赞春《苍筤语故》记曰：崞县有张东墅先生震"尝考订霜红龛遗书中用字，寿阳刘雪崖采入《霜红龛备存》中刻之"。

刘霶，光绪八年（1882）《寿阳县志》②卷七《选举》录其为咸丰二年（1852）岁贡，其父刘元一为乾隆庚子科举人，其兄刘霱为嘉庆辛酉拔贡、嘉庆丁卯科举人。卷八《人物》中这样记载："刘元一，乾隆庚子举于乡，品学兼优，家居设帐，一时名望多出其门。所著有《帝王世系》《都邑便览》《卧游编》行世。长子霱，嘉庆丙子解元，亦博学，著有《戒淹丧文》行世。次子霶，号雪崖，

① （清）潘肯堂等纂. 光绪续修崞县志. 卷五木刻本 p61.
② （清）张嘉言 祁世长纂. 光绪寿阳县志. 受川书院木刻本.

岁贡生，慕傅真君山之为人，得其片纸只字，必钩摹而寿诸石，远道购求，虽重价不恤。尝补刊《霜红龛诗集》，附刻征君子眉诗集。"平定张石州评之为"傅氏之功臣也，"咸丰八年（1858年）六月二十九日卒后，同邑祁寯藻为作《雪崖先生墓表》，榆次王平格为作《雪崖刘先生传》，详列其操行、学识，尤对其刻傅字、辑傅书，给予极高评价。

三、壬午首次"研讨会"的具体成果

壬午"研讨会"为期一年，主力五人分工明确，或致力于爬疏整理文献，或聚焦于著述笺注文字，或着眼于义理研讨思想，其成果最终充分体现在咸丰四年（1854）刘霈《霜红龛集备存》及徐润第《敦艮斋遗书》中。概而括之如下：

其一，拾遗补阙。将戴廷栻《霜红龛诗文集》与 张耀先《霜红龛集》中未能收录的诗文，经张廷鉴、张廷铨从傅山五世孙傅履巽所抄《傅青主语言拾遗》，张廷铨从傅山七世孙傅龙鳞契捡遗书及手迹，乃至张廷铨与刘霈再辑之傅山遗文，由刘霈全部收集补刻于《霜红龛集备存》中，以"补"字相区别。

其二，正本清源。张耀先乾隆十二年（1747）刻成《霜红龛集》初印本，迫于"文字狱"压力，不得不挖补抽换重印，原版付之一炬。鉴于初印本少之又少，重印本挖改抽换甚多，不仅要补充新搜罗文献，以及重印本抽换的内容，还需对挖改重印本内容还原。对此，在比对新发现傅山手迹的基础上，张震运用音韵训诂方法，音注辨讹，就字书某音某解某貌释之，校真辨讹，还原了重印本中诸多挖改文字的本来面貌。如卷一《五言古》《咏史感兴杂诗三十四首》之三十二首，"唐林言，剑当作箭，用斛律明月事。今考顺庵本，即箭，张刻误书剑也。霈记"。

其三，笺注诠释。张廷铨与刘霈多有释注，如卷二十六《杂记》："后人但令不断书种为乡党善人足矣，此吾终日求之而不得者"句，"古娱曰：先生有手书《小宛》全诗，即是此意，此《小宛》诗之要义也。"由于该书刊印时壬午研讨会间众人皆以作古，刘霈又以"霈记"说明于相关篇目之末。如卷二十四《杂著》："'诀'手迹欠真，未详何字，'怕为'张刻作'最伤'。霈记"。张震在此方面也着墨甚多，仍如卷二十六《杂记》：傅山"后人但令不断书种为乡党善人足矣，此吾终日求之而不得者"句，"唐林曰：以征君为父，寿毛、长房为子孙，犹为是言，况在他人而可不思贻谋燕翼之道耶。此非不愿后人昌盛，但恐昌盛便断书种，看到杨震、袁安、陈寔、柳玭后人，方知此言深可味也。'买栽池馆恐无地，看到子孙有几家'，'不见马家宅，今作奉诚园'。犹是炎凉之见。"

其四，评论发微。徐润第对《傅青主语言拾遗》中162条傅山语言加以解读，逐段评注，阐发微言大义。刘霈录入《霜红龛集备存》[①]者，主要有卷一《五言古》2条，卷十四《杂文》1条，卷二十五《杂记》12条，卷二十六《杂记》1条，卷三十四《外编》4条，等等。徐润第评语还部分收录于《敦艮斋遗书》卷之六《杂言》中，该《杂言》识于其壬午十有一月二十六日晋阳馆次间，即设馆太原楼儿底张廷鉴兄弟宅邸间，是徐润第研究傅山思想的成果结晶。在对162条傅山语言加以解读，逐段评注后，又罗列宋儒程颐、明儒陈宪章，乃至孙夏峰、汤文正师徒，颜习斋、李恕谷师徒之学，以为"以上所说，皆不能脱道学习气，皆要嗣孔孟，要辟异端。若夫孔孟异端之两忘，斩尽名根，化尽俗气，四面无倚，独立独行，与天为徒者，吾于傅先生青主见之而已矣。"[②]这里有必要说明的是，张廷鉴于傅山思想的研究与发挥，收录其《中庸遗语》中，尽管书不得传，但张廷鉴于徐润第执弟子之礼，二人亦师亦友，共同研究傅山义理，应有诸多交集，《敦艮斋遗书》卷之七《中庸私解》与卷之十《劄记辛巳壬午癸未》中零星可见。

其五，删削存疑。经过甄别，对诸如传奇《骄其妻妾》《八仙庆寿》《红

---

① （清）刘霈等编.霜红龛集备存.太原：阳曲高等小学堂版.
② （清）徐润第著.敦艮斋遗书.民国十年重刊铅印本.卷之六 p32.

民国元年版《霜红龛集备存》书影

罗梦》，乃至《穿吃醋》序文等存疑文字，一概删除未录。此一甄别，在笔者新近发见之《傅眉杂录》中得到印证，但其时也存在偏颇，不仅删除了上述传奇类文字等所谓"语少含蓄者"，而应归入《杂文》《礼解》的篇目《儒有满师藩者》，应归入《杂著》《家训》的篇目《从姊七房兄从先之姊》《邀向时读史》等，也遭遇删除，甚至在校录文字上也有诸多疏漏，如将《不为大常住勘哉之碑》后记"二十里而为古绵上，薄有川面，为宋绵上县也。有道观，有介子推庙，有北宋碑，碑有王安国名"中之"王安国"误录为"王安石"，一字之差，以致讹传至今。尽管白璧微瑕，却也留下了遗憾。

四、壬午"研讨会"对于后世傅学研究的影响

壬午首次"研讨会"顺势而呼其声自远，直接推动清末民国傅学研究再掀高潮，国内一批学者由此聚焦傅山。清末山西巡抚丁宝铨召请其时著名学者罗振玉、缪荃孙、罗襄等，编辑刊刻《霜红龛集》（丁本）。序文中将傅山与孙夏峰、胡石庄、黄梨洲、陆桴亭、顾亭林、李土室、王船山等并列为"后学之津逮，蹑汉企宋，究委穷源，性情出处虽殊，而学必实用，动为世法，率八人而如一也。"[①]梁启超在其《清代学术概论》中将傅山与顾炎武、黄宗羲、王夫之、李颙、颜元列为清初六大师，称其学"大河以北莫能及者"。

---

① （清）罗振玉等编．霜红龛集．宣统三年木刻本·序．p1

就晋省而言，在壬午首次傅山研讨会成就的基础上，古陶王晋荣等积极搜罗整理傅山诗文著述，打破行世《霜红龛集》体例，历时数年，横跨清末民初，自费刊刻《王刊傅青主集》《王注傅青主集》（王本）等，且自作按语，从其《重刻霜红龛诗序》《重刻霜红龛诗跋》《重刻霜红龛文序》《霜红龛文凡例七则》《霜红龛文补遗小引》《啬庐杂著小引》《啬庐别集小引》《新刻咳唾珠玉序》《新刻咳唾珠玉凡例八则》《咳唾珠玉跋》《霜红龛笔记引》等序跋文章中，即可见其分类研究之端倪。《霜红龛笔记》补遗中所录 11 条傅山语言，为刘霖所未见，由常赞春得自贾人，登载于上海《国粹学报》。之后又补入 21 条，其中 8 条亦由常赞春在燕市搜得。甚为珍贵。这一波研究高潮一直持续未断，民国六年（1917）傅公祠在西缉虎营落成，阳曲县高等小学堂、晋新书社、山西书局分别刊印刘本《霜红龛集备存》与丁本《霜红龛集》。同时还集中于民国二十五年（1936）前后铅印傅山《西汉书姓名韵》《东汉书姓名韵》《评注金刚经》，影印傅山《傅青主先生小楷千字文真迹》《傅青主先生小楷金刚经真迹》《傅青主书楷篆二体莲花经》《傅青主先生小楷曾子问》《傅青主先生小楷佩觿集》《霜红龛集墨宝》一、二集等，凝聚了常赞春、赵戴文、孙奂仑、赵踽仁、赵昌燮、崔廷献、朴斋、沧海粟、张炜、姜思嘉等一大批学者，形成一批珍贵的研究成果，收编于 1991 年出版的《傅山全书》中。

二百年前的一次"研讨会"，完成了建立研究体系和吸引更多学者参与两大时代任务，傅山研究从此越来越深刻，越来越广袤，并由傅山而傅学，逐步超越历史与地域，成为全民族乃至世界的重要课题。

傅山撰书平遥栖真庵、惠济桥二碑年代考

　　傅山 "矢死崇祯人"，入清后仍以遗民称，所有文字均不落清帝年号，或以干支纪年，或以司马迁《史记》等文献中的岁星纪年法纪年，年老时则以自己的年龄纪年，甚至索性不作纪年。诸如《失名碑》①落款 "丁亥寓道人真山记"，实则顺治四年（1647）丁亥；《东十方窬绹建白衣阁洞之碑 》②落款 "刹那今昔，昭阳单阏，岁在此也，侨黄真山题"，实则康熙二年（1663）癸卯；《重修惠明寺舍利塔碑记》③落款 "七十六岁翁傅山撰并书"，实则康熙

---

① 刘贯文 张海瀛 尹协理主编 . 傅山全书 · 卷二十五 . 太原：山西人民出版社 .1991 年 12 月第 1 版 .p452.

② 刘贯文 张海瀛 尹协理主编 . 傅山全书 · 卷二十五 . 太原：山西人民出版社 .1991 年 12 月第 1 版 .p444.

③ 刘贯文 张海瀛 尹协理主编 . 傅山全书 · 卷二十五 . 太原：山西人民出版社 .1991 年 12 月第 1 版 .p446.

二十年（1681）辛酉；《天泽碑》^①落款"丁巳年菊月吉日，松桥老人傅山"，实为康熙十六年（1677）丁巳。也正因如此，后世研究者对傅山诸多文字难以确定写作年代，甚至各版《傅山年谱》存在诸多年代归属上的争议。本文拟从傅山在平遥的人物交往与活动轨迹，特别是前往沁源先师山的时间等视角入手，对傅山撰书《不为大常住勘哉之碑》与《平遥惠济桥碑记》的具体年代展开讨论研究。

一、傅山在平遥的人物交往与活动轨迹

清代平遥曾纂修四部县志，分别是：康熙十二年（1673）本，康熙四十五年（1706）本，乾隆三十五年（1770）本，光绪八年（1882）本。检索比较平遥多种县志记载，结合民间传说及当地文化学者考证，可大致梳理出傅山在平遥的人物交往与活动轨迹。

其一，平遥旧志中的记载

康熙十二年（1673）本，由知县陈以恂纂修，庚戌进士梁楠校阅，举人梁潢参考。其序曰："奈地冲事繁，捉笔无暇，因谋邑孝廉天胤梁君，梁君固良才也，爰取旧志而检阅焉。"上卷《建置志·桥梁》^②记："惠济桥在下东门外，道士刘真贵、郭清宁，纠首刘泽民、安尔邦等六百余人募缘创建。"上卷《选举志·乡科》^③记有："刘三元，崇祯三年（1630）中，授栾城知县，升兵部车驾司主事，历升宁远道兼户部""梁潢，顺治十四年（1657）中，品行端方，文坛名宿。"下卷《古迹志·寺观》^④记有："栖真庵，在县东北十里铺。"

---

① 刘贯文 张海瀛 尹协理主编.傅山全书·卷二十五.太原：山西人民出版社.1991年12月第1版.p443.
② （清·康熙）陈以恂纂修.平遥县志.木刻本.上卷.p60.
③ （清·康熙）陈以恂纂修.平遥县志.木刻本.上卷.p67.
④ （清·康熙）陈以恂纂修.平遥县志.木刻本.下卷.p21.

从梁潢在县志后跋中可以看出，此间他高中乡科后尚未出仕，在该县志的纂修中发挥了积极作用。

康熙四十五年（1706）本，由知县王绶邀学者康乃心商榷纂修，王序中言："刘栾成（城之误）、范太冲之节义，则采之于舆论。"参阅者中有"儒学生员温讳毓桂，秋香，邑人。"可见温毓桂当时不仅在世，而且在修志中发挥了重要作用，刘栾城三元节义之记述，以所谓"采自舆论"，将《清实录》记载执杀清廷委任知县的反清匪首，堂而皇之地表述为抗击姜瓖起义的义士而写入志书。卷之一《星野·古迹》①中记有："傅征君山惠济桥碑，大书深刻，学颜尚书家庙碑，得其神力者八九，文更奇崛，卒难句读。""傅征君栖真庵碑，在十里铺。八分兼篆体，用笔似铁石，与仿中郎林宗墓碑又殊，系先生七十五岁所书。文作排体而奥隐多，大藏微言。"卷之二《建置志·桥梁》②中记有："惠济桥，在下东门外，道士刘真贵、郭清宁，纠首刘泽民、安尔邦等六百余人募缘创建。太原傅征君青主先生有碑记之……"卷之四《官师志·教谕》③中记有："王介石，榆次人，拔贡，康熙十六年（1677）任。李章，太原人，拔贡，康熙二十年（1681）任。"卷之五《人物志·人物》④中记有："梁禹甸，字奕奕，一字小素。甲午拔贡，授长安县尹……五载升河州守……邑文学高士温毓桂，年七十余，尝谓人曰：'昔与傅征君公它、梁河州小素游，文章道义相为切嗟（磋之误）。自二公作古后不数十年，而士风日下，典型无存。缅想风规，如东京梦华邈焉，其难再矣。'""梁潢，字天水，一字天一，丁酉举人，临颖知县，行取主事，历郎中员外，出为顺庆知府……傅征君青主先生赠以诗，有'教人织细布，只是劝农桑'之句。"

---

① （清·康熙）王绶纂修 . 平遥县志 . 木刻本 . 卷之一 .p21.

② （清·康熙）王绶纂修 . 平遥县志 . 木刻本 . 卷之二 .p11-12.

③ （清·康熙）王绶纂修 . 平遥县志 . 木刻本 . 卷之四 .p18.

④ （清·康熙）王绶纂修 . 平遥县志 . 木刻本 . 卷之五 .p16-17.

卷之五《人物志·忠节》①中记有："刘三元，字聚奎，崇祯庚午科举人，性方严，负节概，初授栾城令……"卷之五《人物志·义行》②中记有："刘泽民，字润卿，少慷慨，重然诺……年四十即长斋布衣，折节行善事，勤谨敦朴，济物利人，竭尽心力修惠济桥，募缘倡化，量工度材，虽尺寸必周。凡经营八九年而桥成，计费可七千金。他如平道涂，修招提，收弃婴，建文塔，多有力焉。太原傅征君先生重其行谊，每与之交，泽民亦敬事先生，游山之屐，每裹粮从之。先是泽民无嗣，辛亥建桥，次岁遂生一子，因名曰'桥'，中庚午科武举。"卷之五《选举志·选举表》③中列有举人刘三元、梁潢，恩拔梁禹甸名录及官职。

卷之五《选举志·方外》④中记有："大机和尚，自江南来住超山寺，寺当历劫后残破，不庇风雨，公一力修护，手自斩伐，垒石作城，增饰佛舍，为开山功德第一公。徐氏质性雄杰，垒砢刚直，中山武宁王苗裔也。"卷之六《祠祀志·寺观附》⑤中记有："惠济桥庵，在东门外桥东北高丘上。内有傅先生碑。""栖真庵，在县东北十里铺，内祀真武大帝、昊天上帝……内有太原傅征君先生八分碑，又有汾州朱太史碑，其他名公大人、文士高贤游止吟咏甚多……"卷之七上《艺文志》⑥中分别收录傅山撰书《惠济桥碑记》与《栖真庵不为大常住勖哉之碑》碑文。卷之七下《艺文志·序》⑦中收录有范鄗鼎《赠刘伯题武举序》。卷之七下《艺文志·诗·五言古》⑧中收录有傅山赠温秋香诗一首《即事寄秋

①　（清·康熙）王绶纂修.平遥县志.木刻本.卷之五.p18-19.
②　（清·康熙）王绶纂修.平遥县志.木刻本.卷之五.p28.
③　（清·康熙）王绶纂修.平遥县志.木刻本.卷之五.p46.50.
④　（清·康熙）王绶纂修.平遥县志.木刻本.卷之五.p62.
⑤　（清·康熙）王绶纂修.平遥县志.木刻本.卷之六.p22.
⑥　（清·康熙）王绶纂修.平遥县志.木刻本.卷之七上.p66-67.p110-111.
⑦　（清·康熙）王绶纂修.平遥县志.木刻本.卷之七下.p12-14.
⑧　（清·康熙）王绶纂修.平遥县志.木刻本.卷之七下.p38.

《惠济桥庵碑记》旧拓局部（李光华藏品）

香居士温先生》："温生尽地力，今之古君子。黄冠多孟浪，而能闻之喜。信心带善根，愿力不肯止。兼解行家言，起伏论千里。往游先生山，陪我曳屐齿。双桥映老眼，幽讨正尔尔。饥食红山果，意兴得其使。使之得其至，至之非其指。"卷之七下《艺文志·诗·五言律》[1]中收录有傅山赠梁澹诗一首《赠梁天一令临颖》："颇闻临颍令，今日甚循良。锦县多鸿雁，花田歌凤凰。教人织细布，只是劝农桑。方外何轻重，篇章要老狂。"卷之八《杂志·傅征君》[2]记有："青主先生清风介节，从不一伍流俗，每来此地，多主温文学秋香居士家。温名毓桂，邑高士也，一介不取，执亲丧，居庐三载，征君雅重之，每与其游，赠诗以古君子称焉"。"慈相寺庆历大碑，征君尝往观之，摹挲竟日。谓人曰：'此平陶一宝也！石虽残缺而神气独完。'因手拓数十字以归，令诸孙临摹珍藏"。"先

① （清·康熙）王绶纂修．平遥县志．木刻本．卷之七下．p46.
② （清·康熙）王绶纂修．平遥县志．木刻本．卷之八．p16–17.

生一日如超山访大机和尚，至百福寺殿前，久之大机不出，意谓当造彼方丈也，而征君失意，久之亦遂不入。盖大机为徐武宁苗裔，赋性雄烈，不可一世，而征君严介，不轻下人，因两不相值而归。故超山名胜至今不得先生一字留题，真千古憾事也"。"庆历碑，非因风雨所剥，盖寺当村野，僧俗耕种之余，多于其上振修农器，不知护持，以故其下半五六尺尽成涩斑状，无复一字可寻，惜哉！"

光绪八年（1882）《平遥县志》，历经四任知县纂修，最终由武达材、王舒莘编辑，王轩、张于铸、杨笃、杨深秀订正。或许是离古已远，前志有关傅山及相关人物、事件的记述，仅编目上作了调整，内容均沿袭清康熙四十五年（1706）旧志。有两处增补。一是有关刘三元的内容，在卷之九《人物上·忠节补遗》[①]中增补了《刘三元传》，所补内容为刘三元仕栾城间与民造福，栾城百姓在城南门内勒像于石，立生祠事。二是有关温毓桂"聚贤楼"的内容，增补于卷之十《古迹志·名胜续编》[②]，"聚贤楼，在县东二十五里常则村（即长则村）秋香居士家。居士每与太原傅青主、祁邑戴洪仲（即戴枫仲）两先生聚于此，日夕联床，口不谈当世事。楼高数丈，上层四面环窗。村人每早望楼窗开处，则知风从某处来矣。嗣因兹楼为三贤所聚，因名之为'聚贤'云。"

其二，平遥民间传说中的记述

傅山在平遥的故事十分丰富，多与反清复明关联，当然也与傅山的几位好友相关。温毓桂为长则村人，傅山与戴廷栻经常相聚温家，在温家院中的八角楼上谈天说地。其间，傅山曾穿梭于冀郭村之慈相寺、钦贤村之慈云寺、西良鹤之龙天庙、超山之百福寺，貌似寻友访道，实则联络力量密谋反清起事。村民百姓看到这些仙风道骨的人物反复出现在温家八角楼，八角楼也被村民百姓

---

① （清·光绪）恩端纂修.平遥县志.木刻本.卷之九.p33.

② （清·光绪）恩端纂修.平遥县志.木刻本.卷之十.p18.

呼为"聚贤楼"。位于京蜀大官道十里铺的栖真庵，俗称琉璃庙，兴建于明清鼎革之际，规模之宏大，形制之特殊，活动之秘密，均非民间宗教力量所能为。栖真庵可容纳数百人，来往道士和尚不断。庵中一老一少两道士，白天小道士服侍老道士，晚上则老道士服侍小道士。传说小道士其实是汾州庆成王府主人，老道士则是王府仆从。百姓间流传，栖真庵也是反清复明重要据点，昼夜地位颠倒，只为迷惑外人。沿村堡距离栖真庵不过几里路程，刘三元经常过往其间。百福寺僧人大机和尚，为徐达后人，由南方来晋，隐居超山谋求起事，所谓大机和尚与傅山未曾相见，实际也许是遮人耳目。票号发端于平遥，号规之森严，密押之奇特，聚财之迅速，也都与傅山、顾炎武有关。傅山为百姓治病的故事，则几乎是妇孺皆知。

其三，平遥当地文化学者的田野调查与研究

《霜红龛集》重要版本之一的王本，由清末民国间平遥诸生王晋荣凭一己之力编次补辑刊刻完成，从宣统元年（1909）到民国二年（1913）历时近五年。王晋荣也因此与刘霱并称"傅癖"，为研究傅山乃至傅学搜罗保存了大量珍贵文献资料。其实，清末以来，在平遥像王晋荣一样痴迷于傅山资料收集整理的文化学者大有人在。

已故收藏家石生泉是研究傅山平遥行迹贡献最大的民间研究者，诸如山西博物院藏品《东汉书姓名韵》《王注傅青主集》《我诗集》，以及《傅青主草书册》《傅青主草书咏史册》《傅青主草书十二条》《傅青主先生绫本草书条》真迹等，均曾为先生收藏，并有题跋记述来龙去脉。更可贵者，先生几十年不改嗜好，行走于乡间田野，探看碑石匾额，寻访傅山足迹，年逾八旬仍徒步于平遥祁县庙会间，留下诸多珍贵资料与记述。其《董傅书室题跋》[①]详细记述了收

---

① 石生泉著.董傅书室题跋·上下卷.平遥：自印.1971 年 5 月 30 日.

藏过手傅山著述与书法作品的传承情况。其《平遥古城商店寺庙住户版字文物》①中记录了两条傅山书联：其一为关帝庙楹联"'神趣灵长文德武功春秋一传，谥尊壮穆佛兰道靖日月同明。'此联为五六寸之行草，太原傅山先生书。献者刘顺奎，北城人，与傅山为友。此联书法右军风格。"其二为"'曲者曲也，雅曲内写尽人情，愈曲愈直；戏岂戏乎？游戏中传出物理，越戏越真。'此联为傅青主书，行草笔法，字大碗口，笔法二王，妙品。虚和圆熟，直逼两晋。"其《平遥惠济桥碑记注》②引经据典，详注青主《惠济桥碑记》。其《悦书杂记》③记述傅山关联内容达 18 条之多，为研究傅山在平遥间行迹积累了珍贵资料。以下摘录与本文相关者四条，详述《不为大常住劻哉之碑》与《惠济

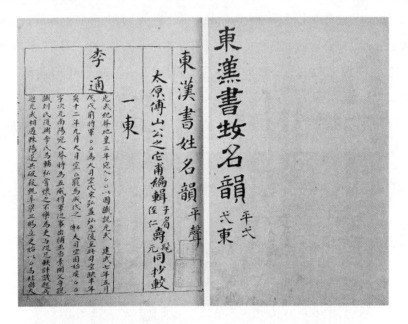

①　梁绍壮辑．石生泉文存·平遥古城商店寺庙住户版字文物．平遥：自印．2011 年 11
　　月 30 日．p1-3.

②　石生泉著．平遥惠济桥碑记注．平遥：写本．1950 年 7 月 20 日．

③　石生泉著．悦书杂记（上中下三卷）．平遥：自印．1985 年 11 月 3 日．

桥碑记》二碑来龙去脉。

"栖真庵"[①]条记曰："栖真庵,在平遥东北十里铺。此庵创建于明崇祯十六年(1643)癸未岁。此庙以后屡有增建。余幼时,听老者传说,此庵是明朝官员等走在平遥,听到沿路不靖,京都械严,而提带有公款银两,在此驻足不走,就十里铺官道盖建了庙宇,内供北极玄天上帝,官人从此避姓名为黄冠。傅青主先生撰栖真庵《不为大常住勔哉之碑》,此碑名起得有些奇古。大常者,是种大旗也,天子大常画日月,又有交龙,诸侯则交龙为旗,无日月也。官名有太常寺卿,职司家庙礼仪。总的来说,此黄冠是执大常之职者也。不为大常住者,是不坐此官也。住者,止也;勔者,勉也。终不再作官员,而为黄冠道士也。此时青主先生年七十有五,时在康熙十九年。碑无年月,载黄冠三人:诚莲、守性、守丹。诚莲李姓,唐人有李青莲者。守性张姓,宋有性理学家张载。守丹朱姓,丹即朱也。皆有含意。因读此碑,故作此记,以作自解,不敢示之人也。"

《惠济桥碑记》[②]条记曰："平遥城下东门外有庙曰宏济院,桥曰惠济桥,

栖真庵现状照

---

① 石生泉著.悦书杂记·上卷.平遥:自印.1985年11月3日.p20-21.
② 石生泉著.悦书杂记·中卷.平遥:自印.1985年11月3日.p16-17.

俗称九眼桥。此庙、此桥始修于清康熙十年（1671）三月，毕工于二十年（1681）九月，庙内有傅青主先生撰书之碑记，建立于康熙二十一年（1682）三月。此庙已毁，此桥独存。庙毁于民国三十四年（1945）九月，余于该年九月二十六日步之于此，见青主之碑已仆于地，叹曰：二百七十多年之古迹，一旦倒仆于地，此亦有一定之数也，该如此哉！至此见过以后，碑石不知下落。予间访之，人无知者。壬辰（1952）之春，三月朔日，予与一客步行游于五里庄庙会，游毕还城，行至桥庙故址，入看无他，破窑三间，门上加锁。旁立一石，阅其文为募化布施之石也，立于清康熙二十五年（1686）。其时尚有驿丞官，县志说'今裁'，不知裁于何时也。入此，意在寻求傅青主之碑也，无碑而还，由此进城。走至东关，足踏一石，突然过之，即而退之，以目视之，一断碣也，上有梁潢书年。哈哈，这就是《惠济桥碑记》也！此石斜断为两截也，此乃上半截也。问之父老，言下半截在皮房院门底。此皮房院即马王庙故址。当时此文物古迹无人过问，遭此厄劫。悲哉！此后经予报知政府，将此碑移于太子寺中大殿之东阶保存。文化革命时，又不知将此碑挪于何处也。后经予访之一陈姓友人，言说将很多碑石都挪在县政府修了天桥，用之铺地也。吾平遥是文明古城，将文物破毁如此，岂不痛哉！"

《惠济桥》①条曰："此桥在本邑下东门外不远之地，始修于康熙十年（1671），工竣于十八九年（1679—1680）。经理其事者，邑人刘泽民字润卿者。至康熙三十六年（1697）六月十九日，水大发，破坏沙堤。知县王杰发谷一百石修之，纠首赵达士等，道士侯冲麓，募化一千余金，向南接四洞，未就。复因水坏，知县王绶发谷六百石，钱万余，补完，堤路未稳，再令住持纠首起工重修。又捐俸银四百两，工始竣。王绶，康熙三十九年（1700）来任，大约此四洞接修在康熙四十一二年（1702—1703）。从此以后，俗称为九眼桥也。

---

① 石生泉著.悦书杂记·下卷.平遥：自印.1985年11月3日.p25.

此后又重修于乾隆四十七年（1782），县志载为重修碑记，郝杰撰文。予家藏有一《张公修惠济桥碑记》，其记云：'公讳中伦，字叙五，张姓，己酉科武举，世居平遥县里仁坊。'又云：'及临终，以矢愿修桥之金三十二两，属其家子廷桂，执原吩咐住持赵仁宣，具述乃父遗嘱，以为将来修桥用。'又云：'岁至壬寅，桥工作，购石材，住持出斯金以告董事者。'云云。记为邑人薛登五先生撰并书，因有此记，才知乾隆四十七年（1782）重修一次。到了同治八年（1869），已有七十六年（应为八十七年）也，地形愈高，桥脚愈低，每当山水暴发，往来文报，几于不通。知县马兆科邀集绅士张福田等，募化重修。光绪四年（1878）工竣，桥独加高数尺。此次工程不小，前后十年也。自康熙十八九年（1679—1680），于光绪四年（1878），有一百九十九年。自光绪四年（1878）以后，至一九八五年，又一百又七年也。现在无人提倡重修，如若不修，日后坏的更多也，补修更难也。"

《记乡贤刘泽民先生》[1]条记曰："清代康熙年间，北城有一位刘泽民字润卿先生，是地方一善士也，如平道涂、修招提、收弃婴、建文风塔、修市楼，建惠济桥，始终八九年而修成。太原傅青主先生重其行谊，而为友，与先生游灵空山，裹粮从之。泽民无子，辛亥建桥，次岁生一子，名曰桥，中庚午科武举。先生墓在北门外不远，在新南堡西，先有一河渠，过渠不百步，泽民先生之墓在焉。余早十数年前在地休息，看各墓之有石桌者，无意而见先生之墓。访问多年，无人知之，一旦见之，快忻如何也！按此墓石立于康熙三十二年（1693），其子刘桥之墓不在怀葬，而在往北八九步远。再北有一墓丘，无石记之。此地是南北畛也，此地归北城五队，有一年平整土地，在此地作试验，将墓摊平，以石埋地，故不能知其详细地址也。先生是地方一善士，亦可称一位乡贤者也。

---

[1] 石生泉著.悦书杂记·中卷.平遥：自印.1985年11月3日.p19.

记此一段，若遇好研究古迹、乡贤者，有所考究而已。"

已故平遥书法家、文化学者李祖孝，经过多年的走访调研，1980年写成《傅山在平遥二三事》[①]一文，"傅氏在平遥的轶事有：清顺治年间，傅山来平遥多住在温秋香家，温名毓桂，平遥长则村人，邑中名士，重古礼，执亲丧，居庐三年。傅山对其雅重，曾赠诗以古君子称颂，秋香特意在村头建楼，请傅山在此居住。傅氏另一友人祁县戴枫仲者，来平时亦居此楼，故名'聚贤楼'。""清顺治年间，平遥有刘宋（顺）奎者即邑之隐士，傅氏为刘书献北城关帝庙匾额'炽胜正觉'四个楷书大字，字大二尺许，雄健高古，引人入胜，并草书对联一幅，上联'神趣灵长，文德武功，春秋一传'，下联'谧尊壮穆，佛兰道靖，日月同明。'""傅氏又在康熙十二年（1673）曾来平遥游慈相寺，观北宋庆历大碑，揣摩终日，留恋忘返，谓人欢曰'此平遥一宝也，石虽残，而神气独完'。遂拓数纸而归，令孙辈学习。""康熙十九年（1680），傅氏来平时，住栖真庵（俗称琉璃庙），栖真庵在县之东北20里（实为10里）沿村堡境内，明末宿遗所建，傅氏曾与该庵写'好生洞'三个隶书大字的匾额，还给该庵撰写'勖哉碑'一通。接着傅氏又游超山，访大机和尚，来到百佛寺殿前等候多时，大机没有出迎，傅氏即拂袖而去。大机者即明徐武宁人之后裔。性雄烈，不可一世，故超山名胜至今不得傅氏一字留题。""傅氏来平常与邑人刘泽民来往，刘城内人，少慷慨，重然诺。傅氏重其行谊，即修建惠济桥的经手人。康熙十九年（1680）深秋时，刘曾陪同傅氏游沁源灵空山，从栖真庵出发。平遥惠济桥（俗称九眼桥）经刘承修，历时九年而成，到康熙二十一年（1682）傅氏来平遥撰写惠济桥碑记，字大二寸楷书，仿鲁公笔意（此石今亦不存）。""傅氏与平遥人梁潢有交处，梁潢字天水，举孝廉，官河南临颍知县，多善政。傅

① 平遥县史志办公室编印．史志资料通讯．第三十二期．平遥：油印．1985年5月25日．p7-8.

山赠以诗。"

此外,张中伟、郝汝春、郝新喜、许中等文化学者也分别于不同的年代乡野走访,张中伟在《傅山传奇》一书中记录其曾亲见平遥东城壁景堡一户人家里院门楣上悬挂"安乐居"(傅山款"安乐居",平遥有多处)匾,行草书体,落款"傅山题"。郝汝春在《平遥古戏台》一书中记录,平遥城西北东凤落村有"白衣大士庵",殿前立有乾隆三十三年(1768)弧首方座青石碑,碑文记载:"康熙三十九年(1700)村人敕修观音东殿一间、南正四间。""晋阳青主先生尝题额曰:潮到了。"在城东冀郭村(慈相寺所在村落),一邵姓大门上刻有"景福第"匾,落款"傅山题"。同时还收集到《傅山巧治返春症》《傅山神画的传说》诸多传说故事。

据晋中地区 1952 年第一期《文物参考资料》记录,在当时文物组组织的晋中榆次、祁县、平遥、介休及绵山一带文物古迹勘查中,平遥太子寺"尚有傅山先生亲书篆体'大贤可卷舒'五字木版横匾"[1]。目前,平遥城内"傅山题"匾额仅存悬挂于日昇昌票号旧址三进院东角门上"數飛"门匾。

综合上述有关傅山在平遥的记载与民间传说,特别是当地专家学者的研究成果,尽管就傅山平遥的行迹在表述上略有差异,但对于傅山与梁澄、梁禹甸、温毓桂、刘泽民等人的交往结论相同,仅对傅山在平遥活动的具体时间,有着不同的说法。石生泉未曾确认傅山到访平遥的次数,但认为栖真庵创建于明崇祯十六年(1643)癸未,撰书《不为大常住勘哉之碑》时,"青主先生年七十有五,时在康熙十九年(1680)。"惠济桥及桥庵"始建于清康熙十年(1671)三月,毕工于二十年(1681)九月,庙内有傅青主先生撰写之碑记,建立于康熙二十一年(1682)三月。"李祖孝则作出了较为明确的结论:傅山不下四次到访平遥,最早在顺治年间,曾居长则村,应隐士刘宋(顺)奎要求为北城关

---

① 胡慧鑫 崔晓东主编.晋中考古文集.太原:三晋出版社.2020 年年 12 月第 1 版.p597.

帝庙书"炽胜正觉"匾及"神趣灵长，文德武功，春秋一传；谥尊壮穆，佛兰道靖，日月同明"联又于康熙十二年（1673）到访平遥冀郭村慈相寺。康熙十九年（1680）再次到访平遥，落脚栖真庵，书"好生洞"隶书匾额，撰并书《不为大常住勖哉之碑》，还曾到访超山百福寺，刘泽民陪游灵空山。最后一次是康熙二十一年（1682），落脚栖真庵，撰书《惠济桥碑记》。许中在其《傅山与平遥》[①]一文中得出的结论是："平遥下东门外有惠济桥，俗称'九眼桥'，桥东北有惠济庵，庵中有傅山先生碑，七十六岁时所作，楷书，师颜鲁公意。""栖真庵在平遥城东十里铺，今属京陵村地，乡人呼曰'琉璃庙'者，原有傅山先生所撰书《不为大常住勖哉之碑》，时年七十五岁，八分兼篆体。"

尽管平遥当地文化学者对于

《不为大常住勖哉之碑》旧拓局部
（小古堂李金亮藏品）

---

① 许中·山西文献（杂志）第六十九期．台湾：山西同乡会．2021年1月．

《不为大常住勋哉之碑》旧拓全影

傅山平遥行迹存有异议，但对于傅山撰书《不为大常住勋哉之碑》的时间认定结论相同。即傅山撰书《不为大常住勋哉之碑》时在康熙十九年（1680）庚申，撰书《惠济桥庵碑记》时在康熙二十年（1681）辛酉或康熙二十一年（1682）壬戌。

　　传说不是历史，傅山与刘三元、刘顺（宋）奎等人物，乃至书匾书联等传说，本文均存而不论，仅以县志记载为据，附之于相关民间传说印证。进一步对比分析研究，平遥当地专家学者的上述观点还有诸多讨论的余地：其一，顺治年间，傅山确实未曾到访平遥。康熙十二年（1673）《平遥县志》无有记载可以佐证，"栖真庵""惠济桥"与刘泽民修惠济桥事均修入志书，若傅山在此前曾到访平遥并交友书匾，与傅山交好的梁潢不会不在县志中有所体现。这一点，还可从傅山康熙十二年（1673）前的文字中反证。其二，傅山在平遥的行迹，康熙四十五年（1706）《平遥县志》的记载比较全面，来自傅山挚友同道温毓桂。当在康熙十二年（1673）后至二十一年（1682）八、九年间，而且远不止两次。傅山到访平遥前后下榻于温毓桂宅与栖真庵。傅山下榻温毓桂宅当有两次或更多，其中一次有戴廷栻作陪，还有一次有梁禹甸相陪。先后陪往慈相寺拓碑，上超山百福寺会大机和尚不成，转而南游先生山，即灵空山。傅山赠温毓桂《即事寄秋香居士温先生》有"双桥映老眼，幽讨正尔尔"句，证明温毓桂陪同傅山登临灵空山。双桥即指灵空山仙桥、峦桥。至于梁禹甸是否也曾同行不得而知。下榻栖真庵，或为教谕王介石与梁潢相邀，刘泽民参与其中。傅山为栖真庵撰书《不为大常住勘哉之碑》，还诗赠王介石，或在南游先师山间接受了刘泽民撰书《惠济桥碑记》请求。此行先师山，《不为大常住勘哉之碑》后记中有完整记录，不赘述。之所以得出傅山两次而非一次从平遥去往灵空山的结论，直接依据即傅山对灵空山记述的差异上，赠温秋香诗句中将灵空山称"先生山"，《不为大常住勘哉之碑》后记中则称"先师山"。此其一。温毓桂与刘泽民财力不同，或温毓桂陪往灵空山出于临时起意，自然既无有畜力相助，也只能红山果充饥，但最终看到了仙、峦双桥，幽讨正尔尔，意兴得其使，使之得其至，之至非其指；刘泽民陪往灵空山，由于准备充分，既有畜力相助，米盐糇粮俱全，还有"不为常住吕道人"同行，但或许是迫于虎患，却未能如愿登临灵空山，而是绕道阳城村，最终去往沁县、平定。其间，傅山曾有《与戴枫仲^①》书，"昨在阳城村，见平遥宋二殷云：'虎须一年长一茎。'近打一虎，数其须，则一百三十五茎。然则此虎仙矣。然欤？否欤？许惠虎须一茎挑牙也。"并作《遇虎有作^②》诗记事，有"辛酉寅月初，三日黄风后"句，正说明康熙二十年（1681）正月遭遇虎患，也印证了《不为大常住勘哉之碑》后记中"自王陶七八里，即土岭也。行人至此，皆戒严，岭南虎伤人无时……无房子，皆野插树枝梢，围作小院落，不问而知其昼夜防虎也……自此而西南，连叠坡陀，无虎无檫林，亦无处无虎也"^③的记述。此其二。

① 刘贯文 张海瀛 尹协理主编.傅山全书·卷二十七.太原：山西人民出版社.1991年
　 12月第 1 版.p473.
② 刘贯文 张海瀛 尹协理主编.傅山全书·卷五.太原：山西人民出版社.1991年12月
　 第 1 版.p76.
③ 刘贯文 张海瀛 尹协理主编.傅山全书·卷二十五.太原：山西人民出版社.1991年
　 12月第 1 版.p449.

二、傅山自平遥南行沁源先师山后的活动轨迹

关于傅山在平遥、沁源间的活动，沁源志书无载，平遥县志有记。《不为大常住勘哉之碑》后记中详细记录了傅山等一行人离开平遥栖真庵到沁源绵上村的情况，却无有先师山片言只字。绵上村之后的情况，仅在其《与戴枫仲》书与《遇虎有作》诗中有所涉及。

沁源虎患，一直是知县头疼的大事，各版《沁源县志》中都录有王容德康熙二十六年（1687）出任知县后因虎患祈祷的文字。"王容德，字维谟，江南高邮人，进士，康熙十二年（应为二十六年）任。练达清慎。邑常被虎害，公为文祷于山，患遂息。岁遭螟螣，竭诚祷神，虫灾顿灭，升户部主事。"①傅山一行离开平遥栖真庵后，晓行夜宿至沁源绵上村，在土岭南遭遇虎患后，改道东南阳城村。阳城村清初属于平定里，"距城六十里，东至强沟十五里，西至郭道镇十里，南至侯壁属之寄刀岩五里，北至阎家庄五里。"②在阳城村，傅山见到了讲"虎须一年长一茎"的平遥人宋二殷。再后来则是《遇虎有作》诗中所述遇虎、打虎并得虎须的经历。最终未能登临灵空山，而是沿官道往沁州，入夏时已居于沁州永庆寺，有排律《题尺木禅师影堂壁，韵依秦天章，时辛酉首夏之吉》为记，"重过沁土一瞻依，莫扣阿师臆可思。尺木焉支半天倾，寸才安驾地全欹……"③

尺木休为傅山故人，邓之诚《骨董琐记》《傅青主二十三僧纪略》④中有记：

---

① （民国）郭兰田孔兆熊主编.沁源县志·卷三.太原：北岳文艺出版社.2006 年 12 月第 1 版.p130.

② （民国）郭兰田孔兆熊主编.沁源县志·卷三.太原：北岳文艺出版社.2006 年 12 月第 1 版.p34.

③ 刘贯文 张海瀛 尹协理主编.傅山全书·卷十三.太原：山西人民出版社.1991 年 12 月第 1 版.p252.

④ 邓之诚著 唐长孺批注.唐长孺批注 骨董琐记全编.北京：中华书局.2021 年 7 月第 1 版.p34.

"尺木禅师，明宗室也，历访名山大川，雅不与庸俗人言，其所抱负，有大而无外之概。予慕其风而访之，座谈之下，议论横生。夫乃知造物生人，诚不得以资格论也。"《山西通志》卷一百六十载："性休，号尺木，俗姓朱，大同人，幼补弟子员，善诗文，工草隶。值闯贼之变，弃家云游。戊子始剃发于粤之龙阮菴，从崆峒戒子传衣钵。游汉口，遇不退禅师棒喝悟道。卓锡于沁州永庆寺，岁癸巳正月日，早斋毕，忽乞十王殿前地于院主。院主允之，遂趺坐而逝。夜半复苏，索笔书塔铭曰：'卜地卜地，三上之三。乘时乘时，二月之二。万汇萌芽，造化顺理。一稼反生，吾道乃逆。遇雷而鸣，逢火出世。'至二月二日，出定沐浴，扶至塔前，对众说偈，掷杖而化。著有《铜鞮语录》。"① 尺木禅师顺治五年（1648）戊子剃发，顺治十年（1653）癸巳即圆寂于永庆寺。《辛酉冬寓石艾张植元培兄峪里花园，壬戌三月旋里书扇谢之》诗有"长公与余善，今复识公孙。花竹缘溪水，亭池借小园。黄冠累月住，绿酒不时存。所喜仍荒径，犹然若敝村。"② 这是傅山康熙二十一年（1682）三月回到太原后所作，说明辛酉年（1681）整个冬天一直到旋里，傅山一直居住平定张植元培兄峪里花园。

三、傅山撰书《不为大常住勋哉之碑》《惠济桥碑记》及不同版本《霜红龛集》中的记录

关于《不为大常住勋哉之碑》《平遥惠济桥庵碑记》，石生泉考证记述十分详细，碑石皆已失落，仅有拓片存世。本文不讨论二碑文内容，仅就落款时间对比分析。《不为大常住勋哉之碑》碑题下有"龙池闻道下士侨黄真山撰并书，

---

① （清）王轩等纂修. 光绪山西通志·卷一六一. 北京：中华书局.1990 年 11 月第 1 版.p11167－11168.

② 刘贯文 张海瀛 尹协理主编. 傅山全书·卷十. 太原：山西人民出版社.1991 年 12 月第 1 版. p199.

时年七十有五"；《平遥惠济桥庵碑记》碑阴（或碑侧）有梁潢书"康熙岁次壬戌（1682）窝月吉日立 侨黄傅真山撰并书 户部郎中梁潢书年"二十七字记年。

关于《不为大常住勘哉之碑》，几种不同记述如下：

其一，《傅山全书》卷二十五·碑碣中所载，碑题下有"忆守丹之言，应典义之请"；文尾有"龙池闻道下士侨黄真山撰并书，时年七十有五。"附文有"不为大常住南四十余里为马壁……碑有王安石名。"

其二，康熙四十五年（1706）与光绪八年（1882）《平遥县志》所载相同，《栖真庵不为大常住勘哉之碑》，文尾有"龙池闻道下士侨黄真山撰并书"。

其三，刘本与丁本《不为大常住勘哉之碑》碑题下有"忆守丹之言，应典义之请"，文尾无"龙池闻道下士侨黄真山撰并书"，附文有"不为大常住南四十余里为马壁……碑有王安石名。"以及刘霨记文。

其四，《傅眉杂录》本，《不为大常住勘哉之碑》文尾有"忆守丹之言，应典义之请"，附文有"不为大常住南四十余里为马壁……碑有王安国名。"

《不为大常住勘哉之碑》碑文中落款明确"时年七十有五"，但在确定时间上形成虚实岁论两种观点。以虚岁论者，断定撰书时间为康熙十九年（1680）庚申；以周岁论者，则断定为康熙二十年（1681）辛酉。

关于《惠济桥碑记》，也以下几种不同记述：

其一，康熙四十五年（1706）《平遥县志》与光绪八年（1882）《平遥县志》所载"惠济桥碑记"均与碑文相同。既无有"七十五岁老人真山撰"所谓补，亦无梁潢二十七字记年。

其二，刘本《霜红龛集备存》与丁本《霜红龛集》所载"平遥惠济桥碑记"与县志记录相同。

其三，拾遗本则补有"七十五岁老人真山撰"。

鉴于拾遗本"七十五岁老人真山撰"与碑阴梁潢"康熙岁次壬戌(1682年)窝月吉日立 侨黄傅真山撰并书 户部郎中梁潢书年"二十七字记年的不同记录，

形成了三种观点。前两种观点，依拾遗本所补"七十五岁老人真山撰"形成，以虚岁论者，判定撰书时间为康熙十九年（1680）庚申；以周岁论者，则判定为康熙二十年（1681）辛酉。另一种观点则以梁潢刻于碑阴的二十七字记年为据，判定《惠济桥碑记》撰书时间为康熙二十一年（1682）壬戌病月（三月）。

四、结论

傅山康熙十八年（1679）从京城返晋后，八月游西秦，九月经祁县返里。次年（1680）七月有《庚申六七月之间即目》[1]，《药师经书后》记有"庚申七月□日夜，梦一人要写药师经"[2]，《书金光明经后》记有"庚申七月二十三日之夜，梦至一小梵"[3]。可见，傅山从太原出发到平遥，从平遥到沁源，从沁源到沁州，从沁州到平定，最后返回太原，时在康熙十九年（1680）庚申八月后至康熙二十一年（1682）壬戌三月，时间跨度近两年。

古来记述年龄盖指虚岁言，今人修撰古人年谱则往往以周岁论，因此也便造成了在年龄认定上的差异。傅山手稿《赠一阿含》杂记末署"甲子（1684年）四月傅山记，时年七十九岁"[4]。此为一例。《甲申守岁》[5]有"三十八岁尽可死"句，是年傅山三十八岁。此又一例。储方庆为傅眉诗集所作《我诗集原序》[6]

[1] 刘贯文 张海瀛 尹协理主编.傅山全书·卷六.太原：山西人民出版社.1991年12月第1版.p99.

[2] 刘贯文 张海瀛 尹协理主编.傅山全书·卷二十一.太原：山西人民出版社.1991年12月第1版.p397.

[3] 刘贯文 张海瀛 尹协理主编.傅山全书·卷二十一.太原：山西人民出版社.1991年12月第1版.p393.

[4] 尹协理主编.傅山全书·卷四十三（第三册）.太原：山西人民出版社.2016年4月第1版.p279.

[5] 刘贯文 张海瀛 尹协理主编.傅山全书·卷十二.太原：山西人民出版社.1991年12月第1版.p226.

[6] 刘贯文 张海瀛 尹协理主编.傅山全书·附录五·序跋.太原：山西人民出版社.1991年12月第1版.p5113.

落款为"时在康熙己未（1679）五月十五日"，序文中叙说"青主今年七十有四，寿毛今年五十有二"。此亦一例。这样的例子还很多，白谦慎《傅山年谱补正》①对康熙十九年（1680）庚申七十四岁条下作：是年，作《补镌宝贤堂帖跋》。宝贤堂帖共有戴梦熊、刘梅及傅山三跋，戴、刘两跋皆作于康熙十九年（1680），傅山跋也应当作于同一年，傅山书于该年十二月的小楷《孝经》册中，同样也写明"时年七十有五"。

有一个特别的例子值得一提，《与曹秋岳书》②，丁谱罗振玉按③："先生此书之末，有'枯木堂力疾草'。此语先生集中有《枯木堂读杜诗》一首，注'直隶崇文门外圆觉寺'。疑先生在都即寓此寺，则此书为未出都时作。而书中又有'今幸放免，复卧板舁归'及'见山生归'语……考膺荐之年为戊午（1678），先生年七十二。次年（1679）入都，年七十三。而证以先生诗文自记，年岁均无一相合者，此帖殆伪作。全氏作先生事略，言先生膺大科之荐年七十四，则又沿此札而伪。今姑系此札于是年之末而辩证之，俾来者无惑焉。"其实，康熙十八年己未（1679），其时三月一日博学鸿词科试，傅山是年七十四岁无疑。傅山未参加科试被授中书舍人，也才有书中"蒲轮别样"字与"凤阁蒲轮"匾。三月底前傅山离都返晋，冯溥《小诗奉赠征君傅青主先生旋里，时在己未三月初》（《傅眉杂录》）可证。可见，《与曹秋岳书》是离都前所写，文中"以七十四岁老病将死之人"与实际完全吻合。今人为古人修撰年谱均采用周岁记年，但不应混淆古人以虚岁记述年龄的习惯。

由此可以断定，傅山撰书《不为大常住劝哉之碑》"时年七十有五"即康

---

① 方德桢等编辑整理.傅山全书补编·附录十.太原：山西人民出版社.2004年2月第1版.p1004.

② 刘贯文 张海瀛 尹协理主编.傅山全书·卷二十八.太原：山西人民出版社.1991年12月第1版.p495.

③ （清）罗振玉等编.霜红龛集.宣统三年木刻本年谱.p43.

熙十九年（1680）庚申八月后。

关于《惠济桥庵碑记》的撰书时间，首先，梁潢在《惠济桥庵碑记》碑阴所留二十七字记年，鉴于梁潢与傅山的挚友关系，梁潢所留二十七字记年可信，也可从《不为大常住勘哉之碑》后记与《惠济桥碑记》对比解读中印证。《不为大常住勘哉之碑》后记中记曰："西坡刘润卿赶来，一项人骑马上前道。一小力肩一小担，一驴载米麨糇粮，刘自骑一小骡。备午餐，无坐处，野店外一向阳避风，率尔中略踞嗷之，毕。又二十许里为王陶，小村落。村人见刘来，皆喜动颜色，乐为周旋，盖有自矣。"①《惠济桥碑记》记曰："适余将游先师山，山深，茂林百余里中，人畏为伈。夫刘指挥乡导，米盐糇粮，无声而办。入山，群奚见山木修直可枝，踊跃往折。乃解行李，出小斧舆刊之。视彼其麀糟揖让，一饭十起，而小大无用，有间矣。"②此两段文字，所述内容基本相同。从中也可以看出，既然是"适余将游先师山"，即说明《惠济桥碑记》撰书于游先师山之后。而从后来沁源山中遇虎，到沁州、平定，直到康熙二十一年（1682）三月才返回太原，期间不大可能撰书《惠济桥碑记》。合理的解释是傅山回到太原后才撰书《惠济桥碑记》，并通过梁潢刻于碑石，也才有了梁潢在碑阴的二十七字记年。

由此可见，平遥石生泉等文化学者观点是成立的，傅山"时年七十有五"时所撰书《不为大常住勘哉之碑》当在康熙十九年（1680）庚申下半年，《惠济桥庵碑记》则是在傅山康熙二十一年（1682）壬戌三月旋里后撰书，碑阴所附梁潢记年可信。

① 刘贯文 张海瀛 尹协理主编. 傅山全书·卷二十五. 太原：山西人民出版社.1991年12月第1版.p448.
② 刘贯文 张海瀛 尹协理主编. 傅山全书·卷二十四. 太原：山西人民出版社.1991年12月第1版.p439.

傅山与太原松庄

明末清初经历甲申之变的中国，社会动荡不安，民族矛盾异常激烈，反清抗清风潮此起彼伏，又不断遭遇镇压。到清顺治（1644—1661）末年，王朝大一统的格局已经形成，清统治者也由野蛮镇压、屠杀与掠夺，转化为对汉族知识分子"恩威并用"的思想统治，即笼络政策与制造文字狱。同时汉族人民的反抗也不得不转入思想上的斗争，民族矛盾由战场转化至文化领域，演化为文化正统的争夺。在这一时期，思想文化界涌现出一批杰出人才，诸如被后世梁启超所称道的"清初六大师"的傅山、顾炎武、黄宗羲、王夫之、李颙、颜元，都形成了各具特色的文化圈。而在众多的文化圈中，人气较旺、集聚学者较多，充满斗争思想与反抗精神，学术成果较为丰富的当属山西文化圈。这一文化圈的核心人物是傅山，活动中心即在太原府城东南松庄傅山居住的几孔崖窑及慈云寺、永祚寺等寺庙中。

傅山（1607—1684），初名鼎臣，改名为山，原字青竹，后改青主，别号颇多，诸如公佗、公之佗、朱衣道人、石道人、啬庐、侨黄、侨松等等，生活于明末清初，横跨明、清两个朝代万历、泰昌、天启、崇祯与顺治、康熙六个帝王，主导或经历了壮年率诸生进京为袁继咸"伏阙讼冤"、中年参与秘密反清活动被捕、晚年博学鸿词拒官三大重要历史事件。这三大历史事件，可以说是明末清初社会变化的缩影。尽管"朱衣道人案"傅山险遭杀身之祸，但出狱后仍矢志不渝，"不见'长江'心不死"，心向南明王朝。远下江南失望而归后，仍拒绝与清王朝合作，隐身于民间，潜心于学术，针砭时弊，倡导实学。深刻反思明王朝覆灭的根源，剖析批判明、清两朝竭力倡导空疏学风的理学思想。这一反思过程，从考证考据到交游交流，从顺治末年持续到康熙十七年（1678），持续十余年之久。而傅山一生中最重要的这十七八年，既没有选择出生地西村，也没有选择读书问学的虹巢、青羊庵，甚至未选参与反清复明秘密活动的土堂，出家为道的寿阳太安驿五峰山龙泉庵，乃至曾经藏身避乱的平定、盂县、祁县、汾州，而是选择了名不见经传的松庄，个中缘由也只能从其《松庄寺祈雨歌》^①中破解。

松庄地处太原府城东南十里，是一个仅有几百人口的小村落。由于地处罕山边坡，南有南沙河流过，每逢天旱无雨，城东乡请神祈雨活动都在松庄慈云寺举行，寺中也因此专设虚馆、乐亭。祈雨祀神仪式有一套相对固定的程式，其中必须有祈雨之乐、祈雨之歌。或许是因为傅山为祈雨大师郭还阳之弟子，或许是周边永祚寺、白云寺僧人相荐，朱衣道人于"盛名之下"被请入松庄，"征诸韩敕之阴，玄儒先生之碑""爰集土语，为迎、送歌二章"。此或为傅山先生居住松庄十七八年的起因。当然，除此之外一定还有别的因素，毕竟松庄离太原府城仅10华里距离，周围村落寺庙林立，松庄有慈云寺、郝庄有永祚寺、红土沟有白云寺、马村有芳林寺、淖马有神清观，几乎都近在咫尺。而傅山的足迹也几乎遍及周边寺观，慈云寺有傅山书撰之《祈雨碑记》（抄本《傅眉杂录》题为《重修乐亭记》），白云寺有傅山书撰之《茶毗羊记》，而永祚寺不

---

① 刘贯文 张海瀛 尹协理主编.傅山全书·卷二.太原：山西人民出版社.1991年12月第1版.p22-23.

《傅眉杂录》之
《重修乐亭记》书影

仅有妙峰福登奉旨创建象征净土宗无量寿经的无梁殿与佛塔，还有傅山祖父傅霖与父亲傅之谟纠首建成之文峰塔，更有傅山好友前明儒生雪峰和尚住持其中，为傅山同道汇聚议事提供重要场所。

一、太原人作太原侨，名士风流太寂寥

傅山"矢死崇祯人"，入清后仍以遗民称，所有文字均不落清帝年号，或以干支纪年，或以《史记》等文献中的岁星纪年法纪年，晚年则以自己的年龄纪年，甚至索性不作纪年。如《失名碑》[①]落款"丁亥寓道人真山记"，实则顺治四年（1647）丁亥；《东十方窦緖·建白衣阁洞之碑》[②]落款"刹那今昔，昭阳单阏，岁在此也，侨黄真山题"，实则康熙二年（1663）癸卯；《重修惠明寺舍利塔碑记》[③]落款"七十六岁翁傅山撰并书"，实则康熙二十年（1681）辛酉；《天泽碑》[④]落款"丁巳年菊月吉日，松桥老人傅山"，实为康熙十六年（1677）丁巳。也正因此，后世研究者对傅山诸多文字难以确指写作年代，甚至各版《傅山年谱》存在诸多年代归

---

① 刘贯文 张海瀛 尹协理主编．傅山全书·卷二十五．太原：山西人民出版社．1991年12月第1版．p452．

② 刘贯文 张海瀛 尹协理主编．傅山全书·卷二十五．太原：山西人民出版社．1991年12月第1版．p444．

③ 刘贯文 张海瀛 尹协理主编．傅山全书·卷二十五．太原：山西人民出版社．1991年12月第1版．p446．

④ 刘贯文 张海瀛 尹协理主编．傅山全书·卷二十五．太原：山西人民出版社．1991年12月第1版．p443．

属上的争议。傅山入住松庄当在顺治十七年（1660）阴历七月十五前，因七月十五为松庄庙会，其间十里八村都会聚集慈云寺，举行祈雨活动，吟唱《祈雨歌》迎神、送神，并将《祈雨碑记》刻于慈云寺中。傅山因此而广受村民与周边乡民尊敬，"早看东南，晚看西北"，聊天侃地看大戏，到寺庙里吃大锅粥，为乡民治疾疗病也成为日常生活的重要部分。乾隆间平阳人士徐昆在《柳崖外传》①记载："余在阳城，得先生及寿毛手卷一轴，仙品也。开首一书札云：'老人家是甚不待动，书两三行，眵如胶矣。倒是那里有唱三倒腔的，和村老汉都坐在板凳上，听什么《飞龙闹勾栏》消遣时光，倒还使得。姚大哥说十九日请看唱，割肉二斤，烧饼煮茄，尽足受用。不知真个请不请？若到眼前无动静，便过红土沟吃碗大碗粥也好。'"这一书札也收录于在《霜红龛集》中。

当然，为生活生计所迫，傅山还在太原城中子侄开设的卫生馆、好友陈谧开设的大宁堂中把脉坐诊，也曾为南仓巷"清和元"饭庄题匾并支招"杂割头脑"八珍汤，为东米市"济生馆"赐方"济生膏""九龙膏""拔毒膏"与"如意丹"，为北司街"同仁堂"题匾题词，为城隍街与大濮府两家药店传授"葵日丸"与"乌鸡丸"秘方，行医故事妇孺皆知，有口皆碑。

傅山曾有五言古诗《春雪》②四章，其中一章即《松庄雪霁独步至水峪口归赋老眼》③，反映其松庄生活，以及遗民苦闷。"老眼明春雪，东山揽卧云。敌泥高屐曳，防滑薄冰循。净界无人共，平林一鸟分。夕阳檐乳下，煮药闭柴门。"傅山显然不是普通的松庄乡民，而是侨居松庄的明朝遗民，"太原人作

---

① （清）徐昆著.柳崖外编·卷五.长春：吉林大学出版社.1995年11月第1版.p84-85.
② 刘贯文 张海瀛 尹协理主编.傅山全书·卷十.太原：山西人民出版社.1991年12月第1版.p188.
③ 刘贯文 张海瀛 尹协理主编.傅山全书·卷七.太原：山西人民出版社.1991年12月第1版.p101.

太原侨，名士风流太寂寥。榆次颇谙有孙盛，昭余不信产温峤。"①入住松庄后，"松侨"即成傅山新别号。作为明朝遗民，既已无国无家，自然太原人成了太原侨。每当夜深人静孤灯烛影时，他潜心于书册典籍，倾心于书写。什么儒家经典、诸子百家，道藏佛典、内经伤寒，皆在涉猎范围，眉批札记，成文成诗，成书成册。

因抗清活动被捕下狱的沛县阎尔梅（字调鼎，号古古），曾于康熙十年（1671）造访松庄。他与傅山有着因参与反清复明被捕下狱的相似经历，感同身受，志同道合。傅山以《岁寒古松图》相赠，寓情于画。阎尔梅作《访傅青主于松庄》②，描绘了在松庄间的见闻感触。

龛结红霜第一层，阴阴花犬吠茅檐。

松庄慈云寺山门

① 刘贯文 张海瀛 尹协理主编 . 傅山全书·卷十五 . 太原：山西人民出版社 .1991 年 12 月第 1 版 .p268.

② 刘贯文 张海瀛 尹协理主编 . 傅山全书·附录三 . 太原：山西人民出版社 .1991 年 12 月第 1 版 .p4993.

期间枰内犹存谱，书乱床头欲捆绳。

西眺王宫成厕厩，南邻佛阁绝香灯。

桐江海市前人易，生在如今决不能。

狼孟沟南大卤平，汾川直扫太原城。

山中有客能逃世，海内无人敢好名。

金石编年藏绿甋，渔樵约伴采黄精。

晋祠松栝秋深老，秃笔劳君画几茎。

二、汾河文献未全空，盅上乾初有是公

明遗民为寻找一方安身立命净地，大都选择了远离城市融入民间与僧俗间。如孙奇逢（字启泰，号钟元）、王余佑（字申之、介祺，号五公山人）等选择隐居，傅山及其好友儒生雪林、雪峰分别出家为道为僧。傅山曾有《二十二僧纪略》[①]存世，邓之诚收入其《骨董琐记》中，这些僧人游走于各地寺庙间，为傅山与遗民们的来往搭起了桥梁，传播传达了明遗民的思想与情感。与此同时，傅山利用采药、诊病、访碑、布道等各种机会，交游于省内外。在松庄侨居期间，先后交游于河南轵关、辉县，山东泰安、曲阜，陕西华岳、富平，省内则游走于北岳、忻州、平定、盂县、寿阳、汾州、祁县、平遥、介休、乡宁、离石、沁源、沁县等多地，传播思想，交流学术，济世救人。同样，在松庄的几孔崖窑中，永祚寺、慈云寺乃至崇善寺，傅山也接待了诸多大江南北著名的学者思想家，而顾炎武（字宁人，人称亭林先生）是傅山在松庄接待的首位，二人有着相同的民族气节与操守，而且均以博学闻名，在思想上都反对空谈，提倡经世致用，在治学上都精通音韵、训诂与考据诸学，诗文更是轰动一时。

---

① 邓之诚著 唐长孺批注 . 唐长孺批注 骨董琐记全编 . 北京：中华书局 2021 年 7 月第 1 版 .p33－37.

二人惺惺相惜，相见恨晚，以诗歌唱和感慨时局，抒发反清复明思想，甚至连饮食起居都充满学术气息。顾炎武初到松庄，二人常常夜以继日促膝交流。一次天已大亮，亭林仍在梦乡，青主直呼"汀茫久矣，汀茫久矣"，亭林醒来后一头雾水。青主风趣释解，"子平日好谈古音，今何忽自昧？"二人不禁会心大笑。原来古音"天"字读作"汀"，"明"字读作"茫"，"汀茫久矣"即"天大亮了"。这一故事流传甚广，分别记之于王鸣盛《十七史商榷》与梁绍壬《两般秋雨庵随笔》中。顾炎武在其《广师篇》中这样评价傅山："萧然物外，自得天机，吾不如傅青主。"

到访松庄的学者名流，乃至明遗民，还有阎若璩（字百诗，号潜邱）、申涵光（字孚孟，号凫盟）、李因笃（字天生，号子德）、曹溶（字秋岳、洁躬，号倦圃）、朱彝尊（字锡鬯，号竹垞）、屈大均（字翁山、骚余、介子，号非池、菜圃）、潘耒（字次耕、稼堂、南村，晚号止止居士）、阎尔梅（字调鼎，号古古）、戴本孝（字务旃）、周令树（字计百）、吴雯（字天章，号莲洋）、范鄗鼎（字彪西）等，碰撞思想，交流学术的同时，留下了诸多唱和诗文与佳话。李因笃乃陕西著名文人"关中三李"之一，康熙三年（1664）得见傅山于崇善寺酒会，《席上呈傅征君》[1]诗称赞傅山"灿烂紫芝存古调，番番黄发长明车。"其实，早在李因笃得到傅山书信时，即作《得傅征君信》[2]诗，将傅山与古时山西乡贤郭泰、王通相提并论，表达了对傅山其人其学的敬仰之情。

汾河文献未全空，盎上乾初有是公。

不卜同舟瞻郭泰，徒知中论拟王通。

---

[1] 刘贯文 张海瀛 尹协理主编.傅山全书·附录三.太原：山西人民出版社.1991年12月第1版.p5001.

[2] 刘贯文 张海瀛 尹协理主编.傅山全书·附录三.太原：山西人民出版社.1991年12月第1版.p4998.

芳期虚讯春来鸟，剧饮犹传雪后鸿。

他日荜门相候处，下车应拜采桑翁。

三、最好缘山寻菊去，如今栗里是松庄

傅山松庄居住十七八年，其学术思想多形成于此，山西文化圈的形成也交汇、碰撞于此。阎尔梅在《太原秋望》[①] 诗中，活灵活现地描述了松庄的学术氛围。

并州分野气苍凉，

一再驱车过晋阳。

钟板萧条崇善寺，

图书煨烬宝贤堂。

凌晨朱紫衔渌米，

旁午青眉语画梁。

最好缘山寻菊去，

如今栗里是松庄。

于音韵学的研究，顾炎武曾于康熙五年（1666）完成《韵补正》，六年（1667）刊刻《音学五书》，分析《诗经》收录古代歌谣构建古音系统，成为清初音韵学研究奠基之作，并在陈上年资助下重刻最早的存世韵书宋代《广韵》[②]。傅山对《广韵》的研究，集中体现在对《广韵》密密麻麻的批注上，以唐代诗人杜甫诗韵尾核对《广韵》收字读音，所引杜甫诗句多达万余句之多。在《霜红龛集》乃至《傅山全书》收录的傅山有关文字音韵训诂的札记中，所引用韵书、字书包括了《说文解字》《尔雅》《方言》《释名》《广雅》《玉篇》《干禄

---

① 刘贯文 张海瀛 尹协理主编.傅山全书·附录三.太原:山西人民出版社.1991年12月第1版.p4994.

② 白谦慎著.傅山的世界.北京:生活·读书·新知三联书店.2006年4月北京第1版.p198.

字书》《一切经音义》《集韵》《韵会举要小补》《洪武正韵》等。其中有些内容直接取自方言调查，诸如《太原人语多不正》《太原汾州读风为分》。于金石学研究，同样利用各种机会寻访古碑于民间田野。朱彝尊在其《曝书亭集》中曾记载这样一件逸事：傅山采药平定山间，不慎坠入崖谷，时长不见动静。众人谷中营救时发现，傅山正在坠入的洞口考证碑石上北齐天保间文字，早已"忘乎所以"。在大量的访碑考证基础上，形成了大量的金石杂记文字，这些艰苦细致的研究大都还是在松庄的崖窟中完成的。

清初的山西文化圈是一个开放的系统，通过大江南北学者的介入参与交流，不仅仅是开创音韵学、金石学与考据学的方法，也不仅仅是对晚明主观内省式哲学空洞"清谈"的否定与清算，而是深刻反思基础上对儒家学说的正本清源。在这一推动学术新趋势的过程中，作为山西文化圈的核心人物，傅山既尊重儒学的合理内核，同时又积极倡导子学研究，乃至佛道思想的研究，其《老子解》《庄子解》《百泉帖（上下）》《管子批注》《曾子问批语》《管子评注》《庄子翼批注》《荀子批注》《荀子评注》《淮南子评注》《吕氏春秋批注》《说苑批注》，乃至《金刚经注》《楞严经批注》《五灯会元批注》《翻译名义集批注》等批注、评注中均可得见，充分体现了傅山经子平等与经世致用的思想。对于宋元明清统治者倡导的理学，傅山不是简单地全盘否定，而是从历史发展的过程中进行动态研究。比如对于"实事实功"的陈亮，追求个性解放积极因素的王阳明，甚至同时期的理学家孙奇逢，也多有称赞。他谒孔庙、游泰山，对儒家开创者孔子的尊重均可见一斑，在《杂记一》[①]中表述，"其精处，非后儒所及，不可不知。"甚至赞同孔子的"仁学"。

在松庄，在十七八个春秋的日日夜夜，在小小的几孔崖窟中，形而上者成

---

① （清）丁宝铨刊. 霜红龛集·卷三十六·杂记一. 山阳丁氏刊本.p5.

宏论巨篇，形而下者成活人医术，既给后人留下了《霜红龛集》《傅山女科》等珍贵文献，也包括"爱集土语""不文之饰"的《松庄寺祈雨歌》①。

迎神：

拍铙打鼓，东山请爷。裹衣挈粮，大家小家。

我荷我旗，汝支汝盖。有丁有男，汝莫我赖。

东山之人，难其来临。爷欲雨我，奈何村人。

半夜窃请，神语之许。预人之知，就舆而雨。

爷歇雨歇，爷起雨起。时起时歇，好雨不止。

莫惊爷雨，宁湿我衣。下民艰难，只爷知之。

爷入我祠，歇马云好。秋成送爷，许羊而祷。

送神：

灵旗纷纷，龙虎其奔。灵旗离离，凤凰其飞。

小儿采衣，手握柳枝。齐声谢雨，送神其归。

捉苗之难，嚼青嚼白。苗既出陇，共风共雹。

我苗之青，不楼其心。我苗之黄，亦不合穰。

糜不见叶，谷不见穗。蒸糜炊饭，念我爷惠。

离亩上场，除种还租。得到瓮里，始有其余。

收成尽够，新旧得见。不问人借，明年作佃。

今年之收，谁其与之？连村作社，合力举之。

牵羊安神，跪坐以明。东山之人，谓我虔诚。

击鼓击鼓，爷亦光彩。明年请神，云雨其待。

① 刘贯文 张海瀛 尹协理主编 . 傅山全书·卷二 . 太原：山西人民出版社 .1991 年 12 月第 1 版 .p22—23.

历经四百余年风雨，松庄依然是松庄，七月十五依然是松庄庙会。慈云寺虽曾遭浩劫，也已完整恢复，建筑格局依旧，大殿建筑依旧，成为松庄文化历史与宗教民俗的标志性景观建筑。尽管傅山居住的崖窑坍塌不存，书撰的《祈雨碑记》（或称《重修乐亭记》）不知下落，祈雨习俗也移风易俗，但仍可复原性复修、复刻、复制，并围绕松庄，连点成片，依托慈云寺与永祚寺，挖掘傅山文化，展现明末清初山西文化圈风貌。

了解松庄的历史文化，不可不谈傅山；研究傅山乃至清初的学术，松庄同样不可或缺。

傅山与"晋酒"

——傅山与黄玉的交谊及其他

傅山好酒。上自王府宗支、地方官吏，下至市井百姓、乡野村夫，不论三教九流，不择琼楼茅舍，只要情志相投，兴之所至，皆可举杯欢饮。在山西太原，傅山自然常以本地最负盛名且最受欢迎的"晋酒"为杯中物。与傅山推杯换盏的"酒友"可谓数不胜数，其中有一位虽然名不见经传，却频繁出现于《霜红龛集》的人物不能忽略，此君名叫黄玉。

一、傅山与黄玉

康熙二十一年（1682）《阳曲县志》卷之二"方产"中有记："李方蓁曰，按：王元美曰：'太原酒出太原府阳曲县，颇清醇而不酽，难醉易醒。余尝取其初熟者，以汾州手羔剂半尝之，寫水晶杯，不复辨色，清美为天下冠。一时诸公啧啧，轰余至醉。'又宋雨公曰：'徐文长集中酒三品，曰桑落、襄陵、羊羔，价并不远，每瓮可十，小盏须银二钱有奇。今晋酒名价浑不异，而宗藩东玉家尤胜。依韵成咏：寒暑无琼味，雪中独酒香。妻孥羞酝酿，童仆戒携将。价出王孙重，人迷客子乡。同官皆不富，薄醉是谁当。'窃思酒能乱德，二公何至津津乐道，不置'禹恶旨酒'，孔子'惟酒无量，不及乱'。阳曲土产不载，盖不欲以酒名传天下也！思深哉！"①卷之四"商税"中又记载，"酒税，在城并外镇共糟坊二十七座，旧无税，康熙十九年暂加，每座征银十两。"②

县志言之凿凿，太原酒出阳曲县，27座糟坊中，晋酒名价浑不异，而宗藩东玉家尤胜。此宗藩东玉，正是傅山好友黄玉。

依据现有资料还原历史，黄玉并不姓黄，或说为明宗藩，或说姓宗名璜，黄玉乃其字号别称。其家庭殷实，居晋府东小东门，有李氏园书房，坐拥府城最为有名的酒糟坊，与晋府有着特殊的关系，所以连重修沟通方山府九间桥这样重要的事项，都"九传而为今宗玉，葺而新之"。

傅山与黄玉交往可谓深矣，反映在存世诗文信札中的高频次出现，例如：五言律诗《壬午六月十五日至十九日即事成吟二十一首》《黄玉柳供茶》《夏五过黄玉，黄玉之师贾生思卧，黄玉具枕簟楼外，请贾小憩。予戏之曰谓'晒尸'，以尸、师同声，贾性忌不吉语，遂起不卧，吾便便言据之，有诗遣愤》《中秋夜黄玉邀集其妇翁村斋拟早寻道者》，记、疏引《重修九间桥记》《老僧衣社疏》，书札《寄洪宇》，杂文《贾淑谊论》《因人私记》（王本），以及《致魏一鳌十八札》③（即《丹崖墨翰》）与《赠魏一鳌行草书十二条屏》等等。

梳理分析傅山上述文字，见之于记载的傅山与黄玉交往似在崇祯十五年（1642）六月间。崇祯十五年（1642）壬午为乡试之年，时在八月九日、十二日、十五日举行，晋省诸生多在此前早早集聚于太原备考。六月十五日，黄玉邀傅山、居实、起八、公则等众人往其家中小集，却被晋府长史范某获知，并

---

① （清·康熙）戴梦熊修 李方蓁 李方苊纂 . 阳曲县志 . 木刻本 . 卷之二方产 . p5.

② （清·康熙）戴梦熊修 李方蓁 李方苊纂 . 阳曲县志 . 木刻本 . 卷之四商税 . p1.

③ 尹协理主编 . 傅山全书·卷二十九（第二册）. 太原：山西人民出版社 . 2016 年 4 月第 1 版 . p208-215.

托黄玉师贾汉臣前往相约，拟拜访傅山，饮酒作诗。无奈之下，傅山等人只有逃去一著，逃至城东北隅李氏园黄玉书房，众人戏称"今日之集，可谓杀角。"最终，众人达成次日前往水云沟茶庵拜谒老僧共识。之后的日子里，众诸生前往城北享堂村吉祥寺，在享堂村村左水云沟茶庵数次拜谒供养 137 岁老僧。傅山因此作《老僧衣社疏》，并于后记中详述期间事宜，作五言律诗《壬午六月十五日至十九日即事成吟二十一首》抒发情怀，也引发了傅山"我酒狂""我能饮"的众多议论。从此次小集的记述中也可以看出，傅山与黄玉的交往应在此前。

从傅山五言律诗《黄玉柳供茶》《夏五过黄玉》《中秋夜黄玉邀集其妇翁村斋拟早寻道者》与五古《石河村与郝子旧甫》中，可见傅山与黄玉过往从密。明崇祯十七年（1644）三四月间，傅山避乱于寿阳，仍念念不忘黄玉，"少年多才用，子真黄玉偶。忆从黄玉案，见子七襄手。"[1]五六月间，局势已经更加复杂，傅山冒险潜回太原，五过黄玉小东门家宅，所为何事不得而知，但在五过黄玉家宅时相遇贾淑谊，并记之于诗中。而《黄玉柳供茶》《中秋夜黄玉邀集其妇翁村斋拟早寻道者》所记述的，显然是明季的生活，尽管难以断定年份，但一为早春品茗，一为中秋赏月。二诗均应早于"杀角"之集。《重修九间桥记》则纯为黄玉记事，所记为九传黄玉重修九间桥事，当然时在明季。"九间桥，传云古城壕也，桥北小梵，云为方山王府家佛堂，梵北即方山府，说其近之。住雌僧，亦当为其出入王家便耶？九传而为今宗玉，葺而新之，凡补山门殿廊十八间，像设有殊，惜不于桥加一栏。为言之，玉曰：'我不愁跌死醉汉也。'盖日携酒喧顾桥上，实繁有人，玉厌之也。此邦尼院凡五六所，独此颇不闻秽声。吾又问徒有几人，玉曰：'三两个，跛底，瞎底。'呜呼！犍矣。自云是

---

① 刘贯文 张海瀛 尹协理主编 . 傅山全书 · 卷五 . 太原：山西人民出版社 .1991 年 12 月第 1 版 .p84.

工，其纺绩之功为多。"①改朝换代后，明遗民的傅山与黄玉交往更加紧密，《致魏一鳌十八札》（即《丹崖墨翰》）之二、四、五、七、十七、十八札，《赠魏一鳌行草书十二条屏》《寄洪宇》等文字中均有体现。就连操办傅眉婚姻这样的大事，都有黄玉参与。尽管在后来傅山定居松庄后的文字中再未见到有关黄玉的记述，但可以推断的是，若黄玉在世，二人的交往断不会无故终止。

二、傅山、黄玉与贾淑谊

贾淑谊为明诸生，即贾汉臣，曾为黄玉师，"以'壁经'名阳邑之胶，即寝食千丈鹁鸽之堂。亦币四旬余，而博一豆腐汤乡举不能。"②傅山与贾淑谊的交往可以追溯到崇祯九年（1636），乃至更早。袁继咸惨遭诬陷，傅山等众诸生酝酿进京"伏阙讼冤"，贾淑谊曾列其中，而且诸生集聚府院前，皆先集中于贾淑谊府院街家宅。但就在进京讼冤前的关键时刻，贾淑谊不仅打起退堂鼓，而且一百八十度大转弯，倡言"吴公又有疏云，袁山晚节不终，自认前荐疏罪矣。"闭门再不纳诸生。由此，贾淑谊遭诸生责怪、唾骂，但傅山也只是一笑了之，直言"此等事原不期与此辈人共，何足骂也！"此事傅山记之于《因人私记》中（王本）③。

或许与此事相关，也才有了壬午傅山与诸生的"杀角"之集，《夏五过黄玉》的调侃之作。顺治十四年（1657）丁酉八月，贾淑谊述闱事、文满志。傅山曾言之："若中，吾作文贺若。"汉臣回应："可"，且"文须以'老没廉耻'四字为主，而极力形容之"。结果贾淑谊乡试名落孙山，被施舍一岁贡后，尽

---

① 刘贯文 张海瀛 尹协理主编 . 傅山全书·卷二十四 . 太原：山西人民出版社 .1991 年 12 月第 1 版 .p440.

② 刘贯文 张海瀛 尹协理主编 . 傅山全书·卷三十一 . 太原：山西人民出版社 .1991 年 12 月第 1 版 .p547.

③ 刘贯文 张海瀛 尹协理主编 . 傅山全书·卷三十三 . 太原：山西人民出版社 .1991 年 12 月第 1 版 .p592.

遭贡人士鄙视。傅山与贾淑谊有约在先，于顺治十五年（1658）正月作《贾淑谊论》①。但尽管如此，也不能认为傅山与贾淑谊交恶，早在崇祯十三年（1640）庚辰，傅山三立书院同学挚友洪洞郭新（字九子）亡故于武安，傅山闻讯作《郭九子哀辞》，但"未尝示人，以中多碍人语。唯写赒露盘一章，且嘱令存之笥中，无令析城同人见也，盖析城有贵公子与九子称莫逆者。乱后，此稿失矣。顷过七松麻，汉臣来，顾云有此稿，遂取而得之。"②由此可见，尽管贾淑谊在"伏阙讼冤"间打了退堂鼓，攀附晋府长史权贵，入清参与乡试，授岁贡十余年后出仕沁源教谕，而遭三立书院同学嘲讽、调侃，但仍与傅山乃至其三立书院同学，如晋露盘等保持着正常交往。

在《老僧衣社疏》后记③中，傅山有这样一段诗酒之论：

至六月十五日，贾汉臣来云："晋长史范极慕兄，令弟致意。看兄在，即来拜兄，且要兄饮酒作诗，弟专先范公来。"呜呼！是何言哉！此时而不以古仁人友弟之事，如谢宏微、何点真笃天性见语，乃欲令弟不服衰经，见长史饮酒作诗，如快乐人行事。是汉臣以长史爱我则可，谓以我爱我则不可。然离此变而不能不饮酒者，嵇康、阮籍可也。盖嵇、阮性本能饮，而天性笃厚，其饮皆哭也。非嵇、阮而平日之饮，非豪也。是几升酒之数厄，适为秽肠所尽。若值此惨而其饮，正非哭也，乃自乐耳，盖乐其兄弟之死也矣。然嵇、阮实不曾有此事，想当然耳。

夫酒尚无论饮之佳否，但是有肚有肠子人，酒无足、翼，不能飞去，

① 刘贯文 张海瀛 尹协理主编.傅山全书·卷三十一.太原：山西人民出版社.1991年12月第1版.p547-549.
② 刘贯文 张海瀛 尹协理主编.傅山全书·卷二十三.太原：山西人民出版社.1991年12月第1版.p432.
③ 刘贯文 张海瀛 尹协理主编.傅山全书·卷二十六.太原：山西人民出版社.1991年12月第1版.p454-455.

设为所得，任其饕餮，而窃高阳之名，欺人曰："我酒狂。"若令伯伦家荷锸见之，必以锸乱拍其头矣。若夫诗是何事，诗人是何如人，何谈之容易也，何欲执而见之容易也。我知嵇、阮性情而不能饮，然不敢曰"我能饮"也。况此时可以不须强饮也。诗则性情之音。平日有诗，此时亦有诗，我亦不敢曰"此时无诗情"也，盖我以其诗代嵇、阮之酒者也。要之，非此中人不与言。无论此时不与言，即平时亦不与言。而汉臣欲吾见范之意实殷，似谓范顾饶足荣遇我者。我不敢当，直有逃去一著。

该段文字形成于崇祯十五年（1642）八月，看似借贾淑谊代晋府长史范某相约诗酒之会而发泄不快，其实文中内涵早已超出了《老僧衣社疏》本身。

三、傅山、黄玉与魏一鳌

傅山与魏一鳌交往至深，甚至发展到可以性命相托。魏一鳌顺治二年（1645）九月在平定上任知州，政绩显赫，但刚满一年即因意外事件被谪，同年冬补为山西布政使司参军。傅山与魏一鳌的交往始自顺治四年（1647），学界多以为白孕彩从中介绍，因为魏一鳌仕晋首任平定知州，白孕彩为平定前明诸生。但二人发展到可以性命相托的关系，还在于相同或类同的价值观，从《致魏一鳌十八札》（即《丹崖墨翰》）中可以看到，魏一鳌不仅为傅山提供了生活上的资助，诸如送酒佐菜，为傅眉娶亲提供方便，为妻侄官司提供帮助，甚至减免忻州老家土地税赋等等，还为傅山与左布政使孙茂兰、孙川父子交往牵线，最终在发生"朱衣道人案"傅山面临生死攸关的时刻，魏一鳌与孙茂兰父子都能挺身而出，救傅山于危险之中。

在充分体现傅山与魏一鳌交往的《致魏一鳌十八札》（即《丹崖墨翰》）中，傅山何以有六札提及黄玉，第二札中还如此向魏一鳌推介黄玉："尚有道人一友宗生黄玉，其人者亦欲因道人而受教于门下，他日或一趋谒，并求惠赐芝宇。出家人蒙面为人作曹丘，殊为没偪僻，然无他秽肠也，且无缘颜面，草兴展不尽。"①这是一个很值得关注的问题。其实，曾经显赫一时的前明官员仕子、王府宗亲等阶层人物，入清后均面临了新生势力的挑战。傅山结交魏一鳌后，又将黄玉相荐，不仅说明二人关系的非同寻常，其实还另有其因。白谦慎先生在《傅山的世界》一书中记述，曾在已故北京故宫博物院研究员刘九庵先生处见到一通傅山信札照片。白先生解读考证认为，该信札大约写于顺治七年（1650）前后，是傅山写给好友——时任山西布政使司经历魏一鳌的，其主要内容为求助魏一鳌以获取经营酒店的许可，以此补贴生活，但鉴于当时战争与天灾造成的粮食短缺，清廷在北方地区严令限制酿酒，傅山的这一努力最终未能如愿。笔者根据近来发见的一些资料，对《致魏一鳌十八札》（即《丹崖墨翰》）中相关黄玉的第二、四、五、七、十七、十八札对比研究，发现傅山之所以为黄玉"作曹丘"推介于魏一鳌，其中一个重要的原因便是"黄玉案"需要魏一鳌帮助。"顷见黄玉日就萧瑟，门下侠肠何不一为引手，若有可乘，须烦注存也。"②但求助者何事未见记述，或许是房产纠纷，更可能是酒糟坊资产与经营。因此，早在明崇祯十七年（1644）三四月前，寿阳解元郝旧甫即七次出手襄助，"忆从黄玉案，见子七襄手，"傅山避乱于寿阳的五六月间，也曾冒险潜回太原，五过黄玉小东门家宅相助。在魏一鳌的努力下，"黄玉案"得以解决，"此子茕茕感贷，得襄其事，尝不置口。"③而对照常赞春《茝窔语故》一书的记载，及清康熙刘璋《斩鬼传》描述，可佐证傅山不但与他人合作开成了酒馆，而且还亲自题写匾额。"清光绪末年，太原府东羊市街定元馆饭庄，过厅上犹悬'醉

---

① 尹协理主编.傅山全书·卷二十九（第二册）.太原：山西人民出版社.2016年4月第1版.p208.

② 尹协理主编.傅山全书·卷二十九（第二册）.太原：山西人民出版社.2016年4月第1版.p210.

③ 尹协理主编.傅山全书·卷二十九（第二册）.太原：山西人民出版社.2016年4月第1版.p215.

傅山"醉乡深处"匾额集字。根据酒馆创设时间，分别集"傅山致魏一鳌"
第六札之"醉""深"二字，第十一札之"乡""处"二字。

乡深处'四字匾额，系傅山手题。"①以此进一步推断，"黄玉案"中求助魏
一鳌的事项一定包含其酒糟坊纠纷，包括其资产与经营。最终，"黄玉案"得
以满意解决，傅山与黄玉合作开办的酒馆也顺利经营，酒馆或名为"定元馆饭
庄"，匾额则曰"醉乡深处"。

　　傅山与黄玉合办酒馆似为解决生活所需，但从傅山所书"醉乡深处"匾额
看，又远非如此，其内涵所指，或取自唐皇甫松《醉乡日月》，"醉乡"二字
直取书名，"深处"二字引申为"日月"，"日月"之合体又岂不是大明朝之
"明"乎！或许，魏一鳌帮助傅山与黄玉开设的这一酒馆，除了补贴生活之需
外，还有着傅山及其同道们汇聚议事的意义，有类于祁县的"丹枫阁"也未可
知！这一点从《致魏一鳌十八札》第十八札②中可窥得一斑。"酒道人滨行，
宗生黄玉与家弟止约我辈三五人为屏材，而属笔侨黄。"黄玉与傅止等均得到
魏一鳌的帮助与庇护，或许傅山与黄玉开设酒馆就由黄玉与傅止等日常经营。
因此，当魏一鳌滨行，黄玉与傅止等三五人属笔傅山《赠魏一鳌行草书十二条
屏》。此十二条屏现藏于美国纽约收藏家之手，寄存于耶鲁大学美术馆。就此

---

①　转引自《陈监先文存 论文书信集》.太原：山西古籍出版社.2007年8月第1版.p187.
②　尹协理主编.傅山全书·卷二十九（第二册）.太原：山西人民出版社.2016年4月
　　第1版.p215.

《赠魏一鳌行草书十二条屏》之一

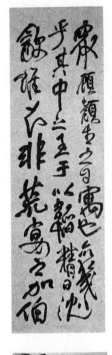

《赠魏一鳌行草书十二条屏》之二

《赠魏一鳌行草书十二条屏》之三

《赠魏一鳌行草书十二条屏》之四

《赠魏一鳌行草书十二条屏》之五

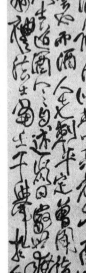

《赠魏一鳌行草书十二条屏》之六

龛外霜叶红

《赠魏一鳌行草书十二条屏》之七

《赠魏一鳌行草书十二条屏》之九

《赠魏一鳌行草书十二条屏》之十一

《赠魏一鳌行草书十二条屏》之八

《赠魏一鳌行草书十二条屏》之十

《赠魏一鳌行草书十二条屏》之十二

134

十二条屏，由于对其中两条有着不同的排序，因而对其书写时间也有着不同的释解。白谦慎先生的观点多年来被普遍采纳，认为此十二条屏为魏一鳌辞官忻州知府时赠。而艾俊川认为，在十二条屏排序中，误将第十、十一条当成第三、四条，造成错简。即"椒山先生亦上谷人，讲学主许衡而不主静修"至"又有辞复静修矣。然"应置于"静修之诗多惊道人之酒，道人亦学诗，当诵之"之前，笔者遵艾俊川说，此十二条屏乃黄玉与傅止等三五人属笔傅山为魏一鳌往京师述职前作：

莲老道兄北发，真率之言饯之。

当己丑、庚寅间，有上谷酒人以闲散官游晋，不其官而其酒，竟而酒其官，辄自号"酒道人"，似乎其放于酒者之言也。而酒人先刺平定，曾闻诸州人士道酒人之自述者曰：家世耕读，称礼法士，当壬午举于乡。时尚择地而蹈，择言而言，以其乡之先民刘静修因为典刑。既而乃慕竹林诸贤之为人，乃始饮，既而大饮，无日无时不饮矣。吾诚不知其安所见而舍静修而远从嵇阮医。

颜生咏叔夜曰："鸾翮有时铩，龙性谁能驯。"咏嗣宗曰："长啸似怀人，越礼自惊众。"顾颜生之自寓也，亦几几乎其中之。至于以"韬精日沉饮，谁知非荒宴"之加伯伦也，则又鏖糟龌龊为酒人开解，吾知伯伦之不受也。伯伦且曰：吾既同为龙鸾越礼惊众之人，何必不荒宴矣。故敢为酒人，必不屑屑求辞荒宴之名。

酒道人其敢为荒宴者矣。吾虞静修之以礼法绳道人，然道人勿顾也。静修无志用世者也，讲学吟诗而已矣。道人方将似尚有志用世，世难用而酒以用之，然又近于"韬精""谁知"之言，则亦可以谢罪于静修矣，然而得罪于酒。酒也者，真酏之液也。真不容伪，酏不容糅，即静修恶沉湎，岂得并真醇而斥之。吾既取静修始末而论辨之，颇发先贤之蒙：静修金人也，非宋人也，先贤区区于《渡江》一赋求之，即静修亦当笑之。

椒山先生亦上谷人，讲学主许衡而不主静修。吾固皆不主之，然而椒山之所不主又异诸其吾之所不主者也。道人其无寒真酏之盟，宁得罪于静修可也。

宗生璜嘱笔曰："道人毕竟官也，胡不言官？"侨黄之人曰："彼不官之，而我官之，则我不但得罪道人，亦得罪酒矣。"但属道人考最曲部时，须以其酏酾之神一询诸竹林之贤，当魏晋之际，果何见而逃诸酒也。又有辞复静修矣。然静修之诗多惊道人之酒，道人亦学诗，当诵之。侨黄之人真山书。

傅山文中只字不谈宦绩，而是以官与酒为题作文，将"官"与"酒"对立，"酒也者，真酏之液也。真不容伪，酏不容糅。"黄玉甚至直呼："道人毕竟官也，胡不言官？"傅山则曰："彼不官之，而我官之，则我不但得罪道人，亦得罪酒矣。"进而以"不其官而其酒，竟而酒其官"作结。

上述所引傅山《老僧衣社疏》后记与《赠魏一鳌行草书十二条屏》两段文字的内容，特别是其中有关竹林七贤诗酒唱和、琴棋书画的场面，似乎可以在清康熙刘璋的《斩鬼传》中找到答案，那"李青莲、崔宗之、毕吏部，还有山涛、向秀、阮籍、阮咸、刘伶、嵇康、王戎等，或弹琴于松树之下，或敲棋于竹林之中，或抱膝长吟，或闲观宇宙，或临流以羡鱼，或倚山而玩鹤"[1]的"醉乡深处"，岂不是傅山与黄玉合办"醉乡深处"酒馆的写照。毕竟小说创作来源于现实生活，刘璋为阳曲人，出生于康熙六年（1667），具体是不是淖马村人不知，为淖马村神清观撰记碑文则明确记载于《阳曲县志》，而淖马村与傅山侨居的松庄也仅二三里之遥。刘璋于康熙二十七年（1688）写成《斩鬼传》，其间一直生活在太原府城；而傅山一生中除了外出交游，到康熙二十三年（1684）离世，

---

① （清·康熙）刘璋著.斩鬼传.太原：北岳文艺出版社.1989年7月第1版.p161.

也同样生活在太原府城，而且有十七八年居住于松庄。从刘璋的生年与《斩鬼传》成书的年代分析，相去傅山与黄玉合伙开办酒馆也就 20 到 30 年的时间。

傅山与黄玉、贾淑谊、魏一鳌的交往，在所能见到的文字中，从头到尾似乎都散发着酒香，崇祯十五年（1642）的"杀角"之集，黄玉中秋夜其妇翁村斋之邀，顺治初年傅山与黄玉合办酒馆之举，从饮酒诗会，到以酒论官，始终离不开的似乎都是一个"酒"字，而与傅山碰杯者，参与"醉乡深处"雅集者，黄玉、贾淑谊、魏一鳌之外，一定还有戴廷栻、白孕彩、李中馥、陈谧、杨方生等诸多同道。以酒起兴，而诗而歌，而书而论，起兴之酒或即宗藩东玉家所酿，抑或为傅山、黄玉合办"醉乡深处"之招牌。

四、后记：

"寒暑无琼味，雪中独酒香。妻孥羞酝酿，童仆戒携将。价出王孙重，人迷客子乡。同官皆不富，薄醉是谁当。"能让明末清初文人骚客如此盛赞，康熙二十一年（1682）《阳曲县志》言之凿凿的晋酒 27 座糟坊，特别是最负盛名的宗藩东玉家酒，乃至晋酒的工艺是否已经淹没于历史的长河？由于阳曲历代修志者秉持"不欲以酒名传天下"的原则，作为重要的阳曲土产却不载于志书，抑或记之也草草数笔一带而过。幸运的是，在民国二十四年（1935）的《太原指南》与民国二十五年（1936）的《山西实业志》中，似乎又让我们看到了明末清初"清醇而不酽，难醉易醒"晋酒的影子。历经 300 余年风雨，1935 年 5 月初太原市统计的酒坊仍有 16 家之多，记有正兴隆、永体渊、永寿亨、合盛泉、晋山源、晋元达、晋隆永、晋裕公司、义恒永、万义兴、万顺隆、瑞崇隆、广泉恒、广聚泰、德源永、兴盛酒店等。1936 年底统计记有瑞崇隆、兴盛酒店、合盛泉、永醴洲泉记、永醴渊泉记、德源永、永寿亨、万顺隆、益源庆、正星陆、德逢源义记、公记酒店、义恒永等 13 家。这些酒坊中，铁匠巷永寿亨设立时间最早，在同治八年；督军街瑞崇隆设立时间在光绪卅二年；宁化府益源庆设立时间在民国元年。由于规模均不大，职工人数与年产量均十分局限。究其原因，主要是酒税繁重，仅捐税有国税、省税、地方附加三种，名称有牌照捐、公卖税、出产税、地方附加税。再后来，经过战乱的太原酿酒业几乎凋零殆尽，但晋酒的工艺传承始终未断。到全国解放后的1950年，地方政府吸收散落残存的民间酒坊糟坊，在太原城水脉的大东关投资建成国营太原酒厂。水还是东山孟家井的水，工艺还是几百年的传统。国营太原酒厂的晋泉高粱白成为太原人的口粮酒，享誉并州大地。并非巧合的是，在数十年的发展过程中，"晋酒"自然而然成为国营太原酒厂的注册商标，或许是历史的召唤，或许是酒魂的导引，与明末清初的"晋酒"合一，一路走来又回归历史。"晋泉""晋祠""晋府"到"晋酒"，乃至"傅山"，已经不单单是注册商标，诠释的是明清以来传承数百年的晋酒文化。

易《象》曰"晋，进也。明出地上，顺而丽乎大明，柔进而上行。"易《象》曰"明出地上，晋。君子以自昭明德。"

"醉乡深处"晋泉一脉，"得造花香"汾清两支！

郢书燕说卷

傅山笔下的一桩家事

——《从姊七房兄》及其价值

通观傅山存世文献，随笔小品难得一见，今于《傅眉杂录》中发现半篇，虽无题无序，且仅存后半部分 500 余字，但内容为记述傅氏家族一桩惊动官府的"家务事"，表明了傅山对某些族人行状的态度，同时暗含讽世、训诫之意，值得留意并加以研究。录之于下：

……从姊七房兄从先之姊，嫁布商李慧，生一男某，一女嫁张某，为南关富翁，亦以商贾起家至万金。张甫死，而其子为李氏婿者亦死，族中无一人，所遗财物则李氏主之。然未到李氏，而已为街市人抢掠，有之亦多失去。所到李氏者，李氏之子亦不能作主，而从兄从先者欲分而有之。每午后、傍晚，坐一小肩舆，随家童四五人到李家，无论金珠首饰囊橐而归，家童亦颇颇有得。声张彻矣，张氏既无人，而张氏之所亲赵某欲有之而不得意，遂争告讼。

时知县范士揖【按，应为楫】也。范又欲得之，而李氏之男毙杖下者亦五六次矣，会有衙役说帖于范，云："此皆傅某，是李某之舅得之矣。"

遂出票拘从兄到官，恐揭凌辱，出题考试将申道褫革，而从兄不知所为。

县前有宗生曰莲渠者，素与范过遍人也。从兄访知之，就谋之。莲渠教以两磁瓶，每瓶三十斤封之，写曰"酱菜"，即莲渠送进。范忽大怒，取瓶中阿堵出，封之，发出寄库。从兄慌不知所为，始怨莲渠导之以邪，重其罪也。再问莲渠，莲渠曰："此何足畏？但嫌少耳。"从兄益不敢信。又迟几日，仍用莲渠计，通如前数两瓶送进。从兄方慌乱莫测，而忽然从库取前物进，遂不再刁难从兄矣。

此戊寅、己卯间事。

以范之文学，亦可以不屑此，而一百二十金亦在所不弃，何也？然范终廉吏哉，若非能读书作诗，时或千二百金不止矣。诗文之能使人存廉隅也如此。

文章主线看似一宗民事纠纷，然牵涉人物众多，而且个个"指名道姓"皆有实指，诸如知县范士楫、宗生莲渠、布商李某、富翁张某、张家远亲赵某，乃至傅山堂姐堂兄。事情经过说起来也简单，傅山堂姐嫁于布商李氏，育有一双儿女。女儿嫁布商张某之子，可谓门当户对，不幸张某父子皆亡，遗留万金财产遭人哄抢。作为死者遗孀李氏的娘舅，傅山堂兄傅某也参

《傅眉杂录》之
《从姊七房兄》书影

141

与其中，每午后、傍晚，坐一小肩舆，随家童四五人到李家，无论金珠首饰囊橐而归，家童亦颇有所得。最终张家远亲赵某红眼而告官，堂兄牵涉其中，被出票拘官，无奈求之宗生莲渠，莲渠居中"周旋"，以送知县"酱菜"为名行贿赂之实，一二再之，行贿一百二十金才算了事。

一、傅山在怎样的情况下写此小品文章

文中所述"此戊寅、己卯间事"，当任知县为范士楫。康熙、道光《阳曲县志》均记载，"范士楫，直隶定兴进士。"崇祯十年（1637）至十三年（1640）间出任阳曲知县，戊寅、己卯即崇祯十一（1638）、十二年（1639）。可见傅山此小品文章当作于崇祯十三年（1640）后。崇祯十三年（1640）至十六年（1643）间，傅山经历了这样一些大事，崇祯十三年（1640），傅庚长子傅襄夏日卒，其妻李氏仰药殉情；十月间得知同学挚友洪洞郭新八月二十二日亡故消息，痛作《郭九子哀辞》；结识天泽润公，成释家好友。崇祯十四年（1641），春日，傅山病危，兄长傅庚精心照料得愈后，青羊庵读书备明年乡试。年内，曾将离垢先生坟茔从东山洪子峪迁移西山马头水。崇祯十五年（1642），兄长傅庚四月病殁，日夜与老母相守，痛而始修《性史》，皆反常之论；八月乡试前后，编撰完成《西汉书姓名韵》与《东汉书姓名韵》，但乡试未中，好友毕振姬中解元。崇祯十六年（1643），鉴于内忧外患，被山西巡抚蔡懋德聘入三立书院，其他受聘者还有武乡知县魏权中、绛州举人韩霖、平阳举人桑拱阳等，所讲内容也与以往不同，讲战、讲守、讲火攻、讲财用、讲河防等。

可见，在傅襄病殁李氏殉情后，傅山又接连面临了兄长傅庚、好友郭新病殁，离垢先生迁坟，乃至四年一度的乡试，局势动荡等情形，傅山不可能写作如此小品文章。写成此小品文章只能在傅襄病殁李氏殉情前，即崇祯十三年（1640）夏日前。

二、傅山何以不惜笔墨写此小品文章

傅山写作此小品文章动机何在？为什么会写作一宗民事纠纷？其实，醉翁

之意不在酒。查阅《阳曲县志》在范士楫前后各知县，除崇祯七年（1634）至十年（1637）知县李云鸿，在袁继咸冤案中助纣为虐遭贬外，天启六年（1626）至崇祯四年（1631）间知县宋权，崇祯十三年（1640）至十四年（1641）间知县任孔当，崇祯十四年（1641）后知县彭而述，均有政绩，史志留名，记之于道光《阳曲县志》卷十二《政略》中。从傅山《因人私记》中，世人既了解了袁继咸的冤屈与正义伸张，也揭露了巡按御史张孙振与阳曲知县李云鸿的无耻，张孙振坐谪戍，李云鸿遭贬。但接任阳曲知县的范士楫，并未汲取前任教训，反而变本加厉，贪赃枉法，收受贿赂。傅山在范士楫离任间或离任后，鉴于所涉当事人为傅山从兄，了解事情本身的来龙去脉，了解知县范士楫的敲诈受贿行为，遂写此小品文章，用独特的调侃方式讥讽范士楫！同时也是对皇族的挖苦，面对内忧外患，宗生莲渠甘当掮客，与范士楫沆瀣一气，为虎作伥，谋取利益，已经成为官府与王府中人相互勾结的铁证。

三、傅山此文也意在告诫"版筑旧裔"

傅家自教授翁傅天锡之后，历经几代人努力，由大同而忻州顿村，由忻州顿村而阳曲西村，立足于太原府城，成为太原望族。傅山祖父傅霖及叔祖傅震、傅需三兄弟科甲及第，"黄甲联芳""三凤坊""青云接武"三坊立于街市，"版筑旧裔"成为傅家巷标志。筑文峰塔，移建钟楼，施粥赈灾，乐善好施，成坊间佳话，有口皆碑。及至后辈也多传承儒业，恪守家风，教化一方。在傅山祖父傅霖过世之后，傅山叔父傅之謨却违背祖父傅朝宣"子孙再敢与王府结亲者，以不孝论，族人鸣鼓攻之"遗命，以子从周尚晋穆王之女裕王之妹，众兄弟劝说无果，成为傅族无奈。但傅从周违背祖训攀龙附凤毕竟属家事家丑，而傅山此从兄因不义之财遭人诉讼，又行贿官府消财免灾，则让"版筑旧裔"后人蒙羞。可见，此篇小品文字看似讥讽知县范士楫敲诈贪腐，宗生莲渠助纣为虐，同时也是借从兄之事而警示傅氏族人。

此外，通过此文还能了解到当时的社会环境与风气。时当明末，商业经济已经孕育出富商大贾，但上自官府，下及商民，世风日下，道德沦丧，王朝已岌岌可危，俨然一幅王朝没落图景。

在傅山的文字中，我们所能见到的多为思想家宏论，其形象不啻于精神之领袖、思想之旗帜，而在写这篇小品文章时，端坐于桌前的傅青主，显然是大环境下、大家族中欲言又止，颇感无奈的一位普通人。

百年难遇岁朝春

——傅山独特的反清檄文

笔者曾经在《傅山研究再添新资料——抄本 < 傅眉杂录 > 考略》一文中得出结论，《傅眉杂录》当为道光间张廷鉴、张廷铨《霜红龛拾遗》底本，且直接来自傅履巽。因此《霜红龛拾遗》也成为之后各版《霜红龛集》的重要参考，其中对于篇目的分类即取自于此。但《傅眉杂录》中被眉批"杂著"的《谚有云"百年难遇岁朝春"》短文却未能收入后来的各版《霜红龛集》中，原因不得而知。所幸，《傅眉杂录》保存了这篇文字，不仅可完善傅山文献，还可以通过探讨删而不录的缘由，对傅山所思所为进行深度研究。此文仅 73 字，录之于下：

谚有云："百年难遇岁朝春"，余自有生已来，幸三遇之。乃在四十年内，万历十八年庚寅也，三十七年己酉也，崇祯元年戊辰也。而今年值圣天子凤历新颁，尤海内欣欣，尧天舜日，基于万年矣。

文献新人耳目，首当其冲需确定是否为傅山文字。若是，为什么《霜红龛拾遗》与各版《霜红龛集》均未录之；若非，便是《傅眉杂录》误收。是非之

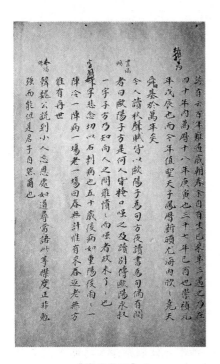

《傅眉杂录》之
谚有云"百年难遇岁朝春"书影

辨，必须正确解读文字内涵。

一、关于"百年难遇岁朝春"的内涵

"岁朝"一词，基本意思是阴历元旦，即阴历正月初一。"春"，指立春。立春为中国阳历二十四节气之首。"岁朝春"，即阴历正月初一元旦与阳历立春同日，当然也有将除夕或正月初二与立春同日视若为岁朝春。宋代释原妙《偈颂六十七首》中有"百年难遇岁朝春，姹女梳妆越样新。惟有东村王大姐，依前满面是灰尘。"明代陆浚原《蓥床沉余》曰："崇祯元年元旦立春，谚云：'夏至难逢端午日，百年难遇岁朝春。'"

百年难遇岁朝春，即元旦立春同日百年难遇，所以民间也以此形容罕见的吉兆。

中国的传统历法为阴阳合历，由于阴历与阳历划分标准不同，阴历依月亮盈亏29.5日为一月，平年354天为一年；而阳历则是依地球公转一周365.25天为一年，这就导致阴阳历不能同步。中国古人巧妙地采取三年一闰，七年两闰，十九年七闰的置闰方法，形成了独特的阴阳合历。阳历的立春节与阴历的春节比较接近，春节不会早于立春前十五天，也不会晚至立春后十五天。由此也就出现了"双春年"与"无春年"。所以在中国传统的阴阳合历中，春节与立春同日的所谓"岁朝春"较为难遇，也便有了"百岁难遇岁朝春"的民谚。

二、关于文中所言三个"岁朝春"

通过光绪间增补刻印之雍正五年丁未（1727）会稽本《钦定万年书》，与张培瑜著《三千五百年历日天象》[1]比对可知：

万历十八年庚寅（1590），《三千五百年历日天象》记为"正月初一甲辰立春"；

万历三十七年己酉（1609），《三千五百年历日天象》记为"正月初二甲申立春"；

崇祯元年戊辰（1628），《钦定万年书》记为"丁卯腊月二十九除夕壬戌立春"，《三千五百年历日天象》记为"正月初一癸亥立春"。

万历十八年庚寅（1590），"正月初一甲辰立春"；万历三十七年己酉（1609），"正月初二甲申立春"；崇祯元年戊辰（1628），"正月初一癸亥立春"。可见，此三年均符合"岁朝春"标准。

三、关于"今年值圣天子凤历新颁"

如何释读"圣天子新颁凤历"呢？

凤历一词出自《左传·昭公十七年》："我高祖少暤挚之立也，凤鸟适至，故纪于鸟，为鸟师而鸟名，凤鸟氏，历正也。"北周庾信《周宗庙歌·昭夏》："龙图革命，凤历归昌。""凤历"称岁历，含有历数正朔内涵。那么该段文字中新颁凤历的圣天子又是何人？傅山《甲申守岁》[2]诗曰："掩泪山城看岁除，春正谁辨有王无？远臣有历谈天度，处士无年纪帝图。北塞那堪留景略，东迁岂必少夷吾。朝元白兽尊当殿，梦入南天建业都。"甲申岁除，即癸未腊月二十九己丑日，傅山避难山城盂县，《钦定万年书》记为"癸未腊月二十六丙戌立春"（张培瑜《三千五百年历日天象》记为"癸未腊月二十七丁亥立春"），甲申不属于"岁朝春"。明帝崇祯死之，清帝福临登基，纪年为顺治元年。但傅山以明遗民称，从未使用清代年号，自然也不承认清帝。所以此圣天子非指

---

① 张培瑜著.三千五百年历日天象.郑州：大象出版社.1997年7月第2版.

② （清）刘霶等编.霜红龛集备存.民国元年阳曲高等小学堂版.卷十八·杂著.p14.

傅山所经历的顺治、康熙二帝，而应另有所指。

崇祯亡国，前后有福王、唐王、桂王被拥立为帝，即弘光、隆武与永历三朝，弘光、隆武昙花一现，只有永历王朝与清廷对峙十五年，为吴三桂剿灭。傅山期盼明朝复国，对南明王朝寄予厚望。王夫之《永历实录》记载："十月丙戌，上即位于肇庆，诏诰天下，奖励文武兵民，同仇恢复。改明年为永历元年。"①圣天子当指永历皇帝朱由榔。此亦同样可以从永历元年丁亥（1647）是否"岁朝春"得到印证。仍通过光绪间增补刻印之雍正五年丁未会稽本《钦定万年书》，与张培瑜《三千五百年历日天象》②比对可知，永历元年即顺治四年（1647），《钦定万年书》《三千五百年历日天象》均记为"丙戌腊月三十除夕壬寅立春"。

从上述三个方面分析，《谚有云"百年难遇岁朝春"》文字应为傅山手笔。或问，傅山生于万历三十五年丁未（1607），万历十八年庚寅（1590）还未出生，怎么会说四十年内"余自有生已来，幸三遇之。"此也当是编辑者疑惑之处，故而未收入《霜红龛拾遗》及各版《霜红龛集》。其实傅山所言"余自有生已来，幸三遇之"的意思，并非有幸三次亲历，而是有幸见证庚寅、己酉与戊辰三次连续的岁朝春。然笔者以为，不被收录的原因，更在于文章本身明显的反清复明意识，甚至可以说此篇是独具傅山特色的反清檄文。但不管怎样的原因，都是一种遗憾。幸在《傅眉杂录》保存至今，《谚有云"百年难遇岁朝春"》短文得以再现于世，为研究傅山参与交山起义在前，宋谦串联于后的武装反清，"朱衣道人案"，乃至永历十三年己亥（1659）南游等，提供了新资料。

据此，"百年难遇岁朝春"也可补《傅山年谱》中顺治四年（1647）丁亥之内容，《谚有云"百年难遇岁朝春"》短文也当补入《霜红龛集》或《傅山全书》。

① 王夫之著.永历实录.北京：北京古籍出版社.2002年9月第1版.p6.
② 张培瑜著.三千五百年历日天象.郑州：大象出版社.1997年7月第2版.

傅山散佚戏剧《穿吃醋》的线索

——由两篇叙跋谈起

刘霑在《霜红龛集备存·例言》①中这样记述："先生五世孙履巽顺庵取其家所有者,抄十余本,静生拾遗得此为多,嗣后皆古娱与予所辑。""传奇亦多,世传《骄其妻妾》《八仙庆寿》诸曲,《穿吃醋》止传序文,又有《红罗梦》,语少含蓄,古娱一见即投诸火,诗文有类此者,概不收录。"对于得自于傅山五世孙傅履巽的抄本中的"传奇类"文字,在编辑《霜红龛集备存》时,张廷铨不仅"概不收录",而且"投诸火",令人遗憾。幸运的是,1934年介休薛凤仪在原籍故家得《红罗镜》旧抄本,并附《齐人乞食》《八仙庆寿》,题曰"阳曲傅山青主著,五世孙履巽顺庵辑"。其时太原学术界常赞春、田九德、张赤帜怂恿马鑫,由《晋商日报》发表,并汇印三十二开单行本一百部,同年八月,张赤帜重印一百部,改为十六开本行世。《傅山全集》②中所收《红

---

① （清）刘霑等编.霜红龛集备存.民国元年阳曲高等小学堂版.例言.p3.p6.
② 刘贯文 张海瀛 尹协理主编.傅山全书·卷一百二十八.太原:山西人民出版社.1991年12月第1版.p2907.

罗镜序》即据此本录入。对于《红罗镜》诸曲是否为傅山作品，陈监先先生从曲中人物、方言用词与地理名称等方面分析，作出肯定的结论。更为幸运的是，在新发见的《傅眉杂录》中，《穿吃醋叙》《三百生跋》两篇文字完整收录，眉批有"此下二条宜删除"字样，与刘霦《霜红龛集备存例言》记述完全吻合。兹全部录出，供研究者共享：

《〈穿吃醋〉叙》

《穿吃酢》者，不知何许一穷措大客仇犹时即事戏作也。措大喜谑而能歌，每歌辄哭，人不知其哭也，而但见其歌。有两生者，从措大学歌，措大不拒也，而两生遂不理于口，措大乃谑而为此。

醋，酸也；穿，串酸也，孰酸孰穿，剧中一一写之，不待诘也。苏啸馆，措大故人之馆也；谑浪航，则措大寓名也。航，渡人之具，坐谑浪以渡人，犹云共海中慈航也。乘航者，受渡者也；且不登航而望浪以笑者，

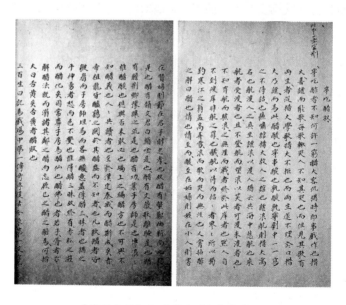

《傅眉杂录》之《穿吃醋叙》书影

可渡未渡者也;不知有航而骇浪之无涯而战者,终于此岸者也。然人自不到彼岸,非航之罪也,舣航以待,而招招者寥寥,所以独钓寒江之翁益高弄雪浪而歌而哭而无涯也。

又尝拈"酢"之解,曰:"醋也,情也,情至而酸至。"在妒妇则嫉,在小人则害,在贤妇则节,在君子则忠孝也。故醋有螫,郑袖、靳尚之类也;醋有韵,文君《白头吟》是也;醋有文,《薇歌》《离骚》是也;醋有胆,荆卿、豫让之流是也;醋有功业,子房师是也。博浪浪椎,醋酸也,稳与否未敢必也;堛【按,实为"坯"之误】上之编,醋方也,不可与不知醋义也,人人共读者也。至于汉定秦灭,而醋斯成矣,赤帝、祖龙皆酰鸡之闟于其醋盎而不知者也,凡饮醋者皆皱眉,而子房师坦焉,而略无酸意,盖得醋三昧者也,犹之乎神勇者怒而色不变也。惟得醋三昧故,终有赤松之游而醋化矣。因常尊子房为醋仙也、醋佛也者。

若子胥者,亦解醋法,既而溺诸其邻之醋,而忘厥己之醋之醅为何。措大曰:"杏黄矣!"杏黄者,醋败也。

《〈穷吃醋〉跋》(笔者拟题)

三百生曰:《记》为戏场中第一传奇,《序》复古今来第一文字。词曲居然元矣,而白则元人之所未有,可劝可戒可哭可歌,直是一部拍板扮演春秋,谁谓传奇不经不史不子也?

余读措大之《序》,因悟天地间不独忠臣义士圣贤豪杰具此醋性,即上至佛子仙俦,下至披毛戴角,无不具此醋性。释迦不醋,天下之人不为佛,亦不说法;老聃不醋,天下之人不为仙,亦无《道德》五千文矣。至如符坚之马、诸葛之犬,惟醋主人之见害于人,故不禁垂整衔衣,此虽披毛戴角者耶,视世之庸奴龌龊,坐观人国之亡,不痛不痒,其醋性则谁人谁禽也?

《傅眉杂录》之《三百生跋》书影

揩大目睹王室衰微，遂不禁醋之以毛锥，使人读而哭、读而歌、读而劝、读而戒，任善吃醋者自领略之。若夫读而笑、读而骂、读而欲杀，亦任不善吃醋者自揶揄之。至于不哭、不歌、不劝、不戒、不笑、不骂、不杀，则不醋不淡之人也，木石焉耳已，不必读是剧矣，可也。

三百生跋。

《红罗镜》《齐人乞食》《八仙庆寿》与《红罗镜序》，已根据1934年介休薛凤仪在原籍故家所得旧抄本收入《傅山全书》。其《红罗镜序》与《傅眉杂录》所录相同，"大戏场维摩曰：功当成，好事业不必假好人手；缘当合，好风流不必辄好人收；名当传，好文章不必出好人口。用世大贤，看取《红罗镜》可也。"薛凤仪旧抄本与《傅眉杂录》得以相互印证，也证明《红罗镜》《齐人乞食》《八仙庆寿》与《傅眉杂录》之《〈穿吃醋〉叙》

《三百生跋》真实可信。《傅眉杂录》不仅是真本，而且是珍本，传自傅山五世孙傅履巽，为嘉道间张廷鉴、张廷铨《霜红龛拾遗》底本。

研究分析上述文字，可初步得出两条结论：

一、《穿吃醋》是一部宣扬反抗精神的穿越剧

何谓醋？何谓穿？"醋，酸也；穿，串酸也。"吃醋一词，俗谓妇妒为吃醋。"'吃醋'二字见《续通考》：'狮子日食醋、酪各廿一瓶。'世以妒妇比河东狮吼，故有此语。"① "穿"在此处并非穿戴之穿，乃贯穿、串透之穿。

《穿吃醋》仅存叙、跋，未发现剧本传世，所以既不知几折，也难晓何调。参照傅山《红罗镜》与《齐人乞食》《八仙庆寿》，当归为杂剧传奇。从《穿吃醋叙》《三百生跋》两篇文字中，似可窥得《穿吃醋》之梗概。即前明秀才目睹王朝更迭，王室衰微，避居于仇犹故人"苏啸馆"，并寓名"谑浪航"。期间，以"吃醋"为题，以醋性为论，将历史人物贯穿其中，诸如妒妇、贤妇、郑袖、靳尚、文君、荆轲、豫让，乃至张子房、伍子胥等，以此宣扬做人须有醋性，更不能成杏黄"醋败"。

如果说《红罗镜》着笔于反对封建礼教，则《穿吃醋》应是一部穿越式杂剧传奇，借杂剧传奇形式唤醒世人，以隐含手法寓意反抗满清统治，与后世道光间以杂剧讽刺贪官相类。况周颐《眉庐丛话》："道光间，有侍郎平恕者，蒙古人，督学江苏，贿赂公行，贪声腾于士论。当时或编杂剧，付梨园以刺之。托姓名曰干如，其上场科白云：'忘八丧心，下官干如是也。'拆字离合，甚见匠心。"②

---

① 况周颐著．民国笔记小说大观（第一辑）·眉庐丛话．太原：山西古籍出版社．2003年3月第1版．p257.

② 况周颐著．民国笔记小说大观（第一辑）·眉庐丛话．太原：山西古籍出版社．2003年3月第1版．p19.

二、《穿吃醋》实为傅山托名之作

叙与序同而有异，同在皆有"绪"义，异在前者有叙说内涵，后者仅述前后次第。所以《〈穿吃醋〉叙》与《红罗镜序》有所不同。《红罗镜序》乃大戏开场白，《〈穿吃醋〉叙》则含叙说剧情之意。《〈穿吃醋〉叙》为傅山手笔，那《穿吃醋》剧本为何人所作？

考乾隆、光绪《盂县志》，在流寓及其他卷目中均找不到有关秀才客居盂县乃至写作剧本之事，而傅山在明朝亡国后的近两年间却一直藏身盂县，且携母带子，并有好友陈谧相随。先后投奔孙家庄孙起八，居藏山、七机岩、李宾山等地，写下《甲申避地过起八兄山房》《仇犹秋兴》《九月望起八兄生日同右玄限韵立成》《客盂盂有问予于右玄者》《酬又玄学诗之作》《落叶到棋局》《枣下》《高细水携具河之干》《赵氏山池》《七机岩》《盂邑北寺》《李宾山松歌》《哭雪》《响雪》《供鸟》《乙酉岁除八绝句》等诗作，以及《藏山记事序》《记李宾山》等文章。

这一段时间，尽管多次移居，但生活相对安定。关注事态，伺机参与间，研医读史，书画寓情，诗词唱和，期盼明室复国，百姓安康。"苏啸馆"或为孙起八旧馆，傅山一行客居期间寓名"谑浪航"，而《穿吃醋》即写于此间。"措大喜谑而能歌，每歌辄哭，人不知其哭也，而但见其歌。有两生者，从措大学歌，措大不拒也，而两生遂不理于口，措大乃谑而为此。"措大乃秀才别称，与傅山身份吻合。傅山又知晓王室之事，左右有陈谧、傅眉。除傅山本人外，措大不可能是别人，《穿吃醋》乃以己之感即事戏作。

傅山戏作《穿吃醋》，又为《〈穿吃醋〉叙》，那《三百生跋》又是何人所为？众所周知，傅山别号甚多，但并无"三百生"之名，而且从跋文内容与写作风格也不似傅山。尽管陈谧、起八也均无三百生名号，但除此二人，又能是谁？鉴于目前资料有限，暂为存疑，寄希望于新资料的再发现。

此外，在《傅眉杂录》中，还录有一篇评论戏剧演员表演艺术的无题短文，笔者拟题曰《昆山小梨园丑儿》：

昆山小梨园丑儿，即东新院通镇隔山弟也。一母为生一僧一子弟，大强如生小对俗人。僧既可以出世，而梨园子亦能以音声悟人，如清凉祖师，岂不大奇！前见演西施者，无如雁门阿禄，禄宁夏人，已奇矣，而丑又太原人，其声音难转十倍宁，而竟能转过，是亦舌根具慧性者，不偶然，不偶然。

总而言之，傅山一生矢志于反清复明，一生酷爱杂剧传奇，他将二者糅合，借戏讽世，以假寓真，发出了"谁谓传奇不经不史不子也"的呐喊！其戏联[①]"莫妙于台上人，离合悲欢入画谱；最灵是阅场者，兴观群怨助诗情""曲者曲也，曲尽人情，愈曲愈折；戏岂戏乎，戏推物理，越戏越真"，对此思想作出了准确的注脚。

郢书燕说

---

① （清）刘霨等编．霜红龛集备存．霜红龛集备存．民国元年阳曲高等小学堂版．卷三十二·对联．p7.

夕夕醉唱小凉州

——关于傅山《醉白堂记》的三个版本及其他

　　《醉白堂记》为傅山居平定时期为好友窦学周所作，有三个版本流传。其一仅有记，见各版《霜红龛集》。其二记后附三首十二句四言诗（或为一首三韵），见《傅眉杂录》，在各版《霜红龛集》中此四言诗名之为《夕夕曲》，单独收录于《乐府》之首。其三记后附录《小凉州词》，见乾隆、光绪《平定州志》。

　　就《醉白堂记》正文而言，《傅眉杂录》《平定州志》与各版《霜红龛集》小有异同。以各版《霜红龛集》为参照，《傅眉杂录》：无"窦生独不公荣白生"句，"每一举盏"为"每举盏"。《平定州志》："弃于此邦"为"弃于此"，"窦生微之"为"窦生微得之"，"道人每过，未尝不从白生后"为"每过之未尝不从白生后"，"几何而不如坐安丰公哉"为"几何而不如望安丰公哉"，"道人顾白生曰：'是可称小凉州矣。'"为"过人顾白生，白生可称小凉州。""复怂恿为作《小凉州词》"为"复怂恿白生，为作《小凉州词》"。

《傅眉杂录》之《醉白堂记》书影

关于《夕夕曲》，早在张耀先《霜红龛集》①中即单列成篇，分为三解，归入《乐府》类中开篇。之后各版沿袭，仅编次上有所调整。在刘本《霜红龛集备存》之《醉白堂记》正文后，刘霑记有"顺庵本在《醉白堂记》后即《小凉州词》，未详是否。"②说明傅顺庵本后所附并非《夕夕曲》，而是《小凉州词》，与乾隆、光绪《平定州志》③艺文所录相同。

如何看待三个不同的版本，《夕夕曲》是否应归入《乐府》类，《小凉州词》是否为傅山作品，均需分析探讨。

一、醉白堂记

傅山经常过往侨居平定，甲申国变避难于斯，辛酉壬戌七十六七高龄仍居于斯，几乎贯穿其一生，足迹遍及平定山水，留下诸多诗文，诗如《禅岩》《蒲台祠下》《葵老惠访病不能晤期霜红再理前约四首》《东池元夜》《东池得家

---

① （清）刘霑等编．霜红龛集备存．民国元年阳曲高等小学堂版．卷十·乐府．p1.

② （清）刘霑等编．霜红龛集备存．民国元年阳曲高等小学堂版．卷十·乐府．p1.

③ （清）赖昌期 张斌等纂修．光绪平定州志木刻本．卷之十一·艺文上二．p128.

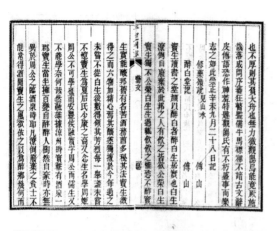

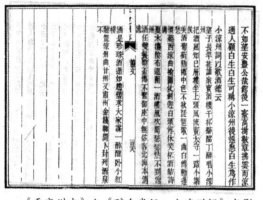

《平定州志》之《醉白堂记·小凉州词》书影

信依右玄寄韵》《七互老杏》《峪园》《辛酉冬寓石艾张植元培兄峪里花园，壬戌三月旋里书扇谢之》《艾侨小极作》《冠山雨中三章与儿辈问答赓乔庄简公韵》等，文如《修药岭说》《醉白堂记》《帽花厨子传》《书张维遇志状后》《冠山婆碣》《药岭宁宁缘》等，《无聊杂诗己丑（顺治六年，1649）寓平定马军村即事有拈，不拘沈韵》[1]二十首集中反映了侨居平定间所感所悟。其同道好友甚多，三立同学白孕彩之外，诸如道师郭还阳、遗民张三谟、仙医杨耀祖、儒医魏泰、铁笔琴人任复亨、"诗陶""隘龛"张修己、词兄朱史花史、峪里张元培，乃至知州挚友魏一鳌等等。在众多的交往中，傅山与白孕彩、窦学周的交往最为紧密。三人经常聚会窦学周读书堂，且"雅集"频仍，白常醉于斯，故而名之"醉白堂"。

雅集，源自古代，是专指文人雅士吟咏诗文，议论学问的集会。文人墨客

---

① 刘贯文 张海瀛 尹协理主编.傅山全书·卷八.太原：山西人民出版社.1991年12月第1版.p138—141.

们空闲时，便相约绿郊山野，松风竹月，烹泉煮茗，吟诗作对，甚至参合焚香、挂画、瓶供、抚琴、礼茶等雅趣，以文会友，陶冶情操。这种聚会形式古代称之为"雅集"。既为雅集，必有雅人、雅事，还须有雅兴。清人张潮在《幽梦影》中写道："人莫乐于闲，非无所事事之谓也。闲则能抚琴，闲则能游名山，闲则能交益友，闲则能饮茶，闲则能著书，天下之乐，莫大于是。"

历史上有名的雅集如兰亭雅集、香山九老会、洛阳耆英会等等。兰亭雅集，群贤毕至，少长咸集；香山九老会，隐山遁水，坐禅探经；洛阳耆英会，置酒相乐，高谈阔论。而傅山、白孕彩、窦学周的聚会，虽然没有兰亭的曲水流觞，没有香山寺的经堂，也没有耆英堂的大厦，表面上看仅仅是在州学廪生窦学周的读书厅堂，斗酒对歌，肆意放纵，但亡国遗民之慰藉，"抱团取暖"之砥砺，文化精神之抗争，鼓荡其间，确非寻常雅集。

当其时，傅山挥毫泼墨，于短短两百余文字内，溯窦姓渊流，述窦融典故，由凉州而酒泉，由凉州而凉台，看似酒后醉言，调侃戏说，荒诞不经，实则内涵明晰，抒遗民情怀，期南明光复，疆土归汉。推杯换盏，以古喻今，《夕夕曲》《小凉州词》以及其他诗篇应运而生。

二、小凉州词

《小凉州词》[①]，录之于下：

小凉州词

望子长竿挑，谁家卖酒楼？千杯辞酩丁，醉唱小凉州。

把酒延知己，层楼坐上头。风流窦太守，一路小诸侯。

美酒葡萄熟，樽中色不秋。琵琶歌一曲，白傅动边愁。

惯听西凉曲，榆关仗剑游。白头傅休笑，杯酒结诗俦。

夏木浓阴布，周围一酒楼。风吹闻瑟瑟，热不到凉州。

---

① （清）赖昌期 张斌等纂修．光绪平定州志木刻本．卷之十一·艺文上二．p128.

酒任双鬟劝，杯传不暂留。座中无俗客，北海本清流。

酒是珍球酒，还如赵璧求。大家谋一醉，酣卧小红楼。

听罢凉州曲，甘州又肃州。金钱聊问卜，封列酒泉不？

该诗《霜红龛集》各版未见，也许张耀先未曾发见，所以仅录正文，无有附录，或所见为《夕夕曲》，另录于《乐府》之首。也许张耀先认为《小凉州词》乃是傅山"怂恿"白孕彩为之，非傅山作品，故而未附。毕竟《醉白堂记》正文结尾写"道人顾白生曰：'是可称小凉州矣。'复怂恿为作《小凉州词》，以歌酒德云。""复"字前并无主语，切实无法明确是谁"怂恿"谁。

但在赖昌期、张彬续修于乾隆十四年（1749）八卷、三十四年（1769）十卷、五十五年（1790）十卷图一卷《平定州志》基础上的光绪八年（1882）十六卷首一卷《平定州志》中，不仅《醉白堂记》后附《小凉州词》，而且表述还十分明确。"窦学周，字绍旦，明廪生，好古工文，不求名誉，设馆嘉水以教乡党子弟，与太原傅青主、本郡白居实友善。青主颜其读书之堂曰'醉白堂'，曾为作记并小凉州词，见艺文。"①

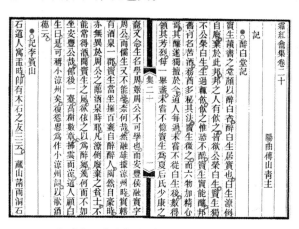

丁本《霜红龛集》之《醉白堂记》书影

---

① （清）刘霨等编.霜红龛集备存.民国元年阳曲高等小学堂版.卷二十三·杂著.p2.

前者为民间辑本，后者为官府主导，二者纂缉时间几乎同时，且各自独立记述。孰是孰非，既然刘霖都"未详是否"，不妨两种说法并存。

三、夕夕曲

《夕夕曲》被各版《霜红龛集》确认为傅山作品，归入《乐府》类中开篇。仅"二解"中文字稍有异同，各版《霜红龛集》录为："谶阿在窗，古梅馁香。兰缸吐葩，垂欢玉牂。二解"《傅眉杂录》录为："谶阿在窗，古梅馈香。兰葩吐缸，炤欢玉床。"馈、馁二字可通用，牂、床二字亦通用。但"兰缸吐葩"与"兰葩吐缸"，"垂"与"炤"则不尽相同。

此诗韵律奇诡，单独拿出来研读，难免有语焉不详，意境晦涩之感。所以钱钟书在《中文笔记》中将其单录一条，且没有任何批注。以钱钟书之聪明，此处无声胜有声之用意十分明显。由此而涉及到两个问题。

第一，傅山的诗如何。在《杜遇余论》中，傅山这样写道："曾有人谓我曰：'君诗不合古法。'我曰：'我亦不曾作诗，亦不知古法，即使知之亦不用。呜乎！古是个甚？若如此言，杜老是头一个不知法三百篇底。'"[1]嘉庆、道光间唐林张震则如此释读："傅征君四言，多不用韵，是得力于佛诸偈，古奥质朴，味之弥永，拘拘以儒者诗文衡之，则骇然矣。"[2]

第二，《夕夕曲》何解。单独归入《乐府》，当然可以，但不够好。倘若附之于《醉白堂记》文尾，再与《小凉州词》结合起来通读，傅山与窦、白三人"大家谋一醉，酣卧小红楼"，痛饮忘忧，放浪形骸之态便跃然纸上，再参以佛偈俗语作解，读懂也非难事。

综上，可将三篇诗文重聚，即《醉白堂记》，附录一《小凉州词》、附录二《夕夕曲》。

---

[1]　（清）赖昌期 张斌等纂修.光绪平定州志木刻本.卷之八·人物志上·隐逸.p47.

[2]　方闻编著.傅青主先生大传年谱.台湾.中华书局.1970 年 7 月初版.p87.

异人为谁先生是

——仅见于《傅眉杂录》的五首赠挽诗

傅山的诗"不事炉锤，纯任天机"，对当时文人及后学者影响极大，所以生前唱和，身后缅怀之作留存甚多。这些赠挽诗中，有的直抒胸臆，有的追忆往事，为傅山研究者提供了大量信息，向来备受重视。从张耀先首开先例于《霜红龛集》（张本），到刘霁再编《霜红龛集备存》（刘本）之后，各本均将"赠挽诗"附之于后。1991 年 12 月由刘贯文、张海瀛、尹协理主编的《傅山全书》[①]之附录三《赠挽祭文》中，收录较之前人为最全，但难免仍有遗漏。

新近发现的《傅眉杂录》抄本中有五首赠挽诗为历代傅山别集所未见，分别为：尔祥《贺公他先生诞曾孙》，佚名《久慕傅公名而未见一面》，李振藻《里言恭挽青翁傅老先生》，胡庭《观青主先生摩〈蔡中郎碑〉》与杜郊无题挽诗。即使已被收录的作品，在个别词句上也存在差异。兹将五首赠挽诗抄录并尝试解读如下，同时将《傅眉杂录》与《傅山全书》所录《赠挽诗》作者相

---

① 刘贯文 张海瀛 尹协理主编.傅山全书.太原:山西人民出版社.1991 年 12 月第 1 版.

同而个别用词差异比较列出。

其一：

贺公他先生诞曾孙

尔祥

汾津天降五花文，四世云孙笑语亲。

老人绰约凌姑射，儿姓缠联玉树青。

关于尔祥《贺公他先生诞曾孙》诗，为首次发现，笔者曾经在《傅山研究再添新资料——抄本〈傅眉杂录〉考略》一文中初步考证。考尔祥其人，应为太原县康熙二十八年（1689）贡生王尔祥。王尔祥，字吉人，号瑞堂，《太原县志》仅有名，《晋祠志》则有《王瑞堂先生传》。传曰："晋祠王先生，讳尔祥，字吉人，号瑞堂。性颖悟，有俊才，读书不间，为文不落恒蹊。工吟咏，名高庠序，宗师试，常列高等，准食饩乡试，屡荐不售。充康熙二十八年贡生，遂淡于名利，不求仕进，雅爱山水，尝寄情以为诗。宗唐人诗派，而以宋诗为辅，盖唐诗主于达性情，故于三百篇为近，宋诗主议论，故于三百篇为远。先生所为之诗，达性情者居多，而议论者寥寥。尝语人曰：'诗自三百篇以降，汉魏质过于文，六朝华浮于实，得二者之中，备风人之体，惟唐诗为然。其不同者，有初唐、盛唐、中唐、晚唐之别耳。'闻者韪之，一时文士不敢与先生抗衡。兼工书，凡有人求书篦，

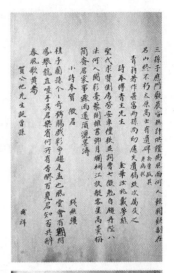

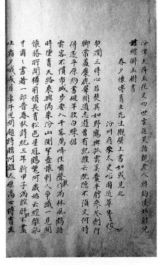

《傅眉杂录》之尔祥诗

辄赋一诗以书之。淋漓尽致，脍炙人口，毫无呆滞之象。其诗最易，摇笔即就，宛若天成，书笺幅亦然。虽率尔操觚，亦超然拔俗。卒后，诸儒为之惋然太息曰：'晋祠少一诗人矣。'"[1]《晋祠志》文艺中录有其诗两首，分别是《赠鹤公》《难老泉和韵》[2]。鹤公即李中馥四子李廉。李廉字鹤公，号蚓操，别号牧颇散人，庠生，乡饮介宾，著有《蚓操集》《鹤公诗草》，与王尔祥友善，二人间常有诗歌唱和。王尔祥为李廉友，李廉为李中馥四子，李中馥为傅山同道密友，还是儿女亲家，长子娶傅山胞侄女，五女嫁傅襄为妻，后殉夫。可见王尔祥之"贺公他先生诞曾孙"可信，傅山生前即已四世同堂，至于出自莲苏或莲宝则不好断定，也许就是傅鼎安。

《傅眉杂录》之"佚名诗"

其二：

久慕傅公名而未一面，偶于萧寺见其《驴背口占》稿，风雅空群，一时罕觏，信是名下无虚。老先生之诗坛旗鼓，愈飏生风，如藜如藿之股，似投我以琼浆玉液也。因不羞小技，步韵一占，以寓感慕。

佚名

宿仰渊源学，芳声塞太空。凤池遗泽丽，璚宴袭香葱。

桐老玉楼上，孙长翰墨中。白头惭识面，青眼窃瞻风。

树忆春天北，云怀日暮东。已和橘井绿，还看杏林红。

造化商臣雨，风骚兰院钟。才名元有素，量得少人同。

---

① 刘大鹏著.晋祠志·卷第二十三·人物二.太原：山西人民出版社.2003 年 3 月第 1 版.p438-439.

② 刘大鹏著.晋祠志·卷第二十八·文艺上.太原：山西人民出版社.2003 年 3 月第 1 版.p528.

该诗佚名,亦首次发见。从诗前记述文字分析,该诗步傅山《驴背口占》韵,说明傅山曾有《驴背口占》诗,押"东"韵,惜各版《霜红龛集》未见,具体内容不得而知,但也为拾遗傅山诗文提供了有价值的线索。从诗作的内容看,其时傅山已年迈,崇拜者众多,早已成为文人墨客的领袖性代表性人物。

其三:

里言恭挽青翁傅老先生

古蔚后学李振藻拜具

太原王气久沉沦,间出英贤接后尘。

不图景运开甲子,芒落少微失异人。

异人为谁先生是,家在汾阳古帝里。

大河潭沱绕若环,太行恒岱平如砥。

灵气盘郁无所泄,老禅化作人间子。

诞时常挟风雨来,宅起潜龙骧步驶。

英敏无双江夏童,读遍五经未殳齿。

羞为处士盗虚声,曾向文坛效一鸣。

彩笔纵横散珠玉,主司遇之神魄惊。

数奇本无封侯骨,历年射策无成名。

不独经史高前哲,妙楷丹青亦双绝。

游艺兼精方伎间,寻微能瞩膏肓穴。

当道闻名求只字,傲气凌云挥不屑。

临以威命强成章,子云难字纷如结。

读之聱牙当道嗔,含沙射影几玉折。

更销壮心为和光,游行不耻庸流列。

舆台持缣乞诗画,云烟落纸忘工拙。

嗟哉世运泣铜驼,空山高卧袁安雪。

圣朝新开博学科，征书驱迤敢谁何。

篮舆赴都宿外郭，称疾不应伏荒窝。

九重特全巢许志，优诏被放归山阿。

闭门不问升沉事，研精三教遗编多。

彭泽诗成纪年阙，西山薇饱发长歌。

子孙惟令读道书，耕田卖药养天和。

昔年知己遭诬谪，破产上书冤得白。

一朝屈志服尘缨，键门不使通一迹。

峻节清风照晋乡，安神颐性隐姑射。

岁行非值龙蛇祲，胡为高士惊易箦。

泰山已颓士林悲，欲赋招魂竟莫追。

浩气潜归箕尾舍，重望高同星日垂。

不须恻怆山阳笛，千古常看有道碑。

　　关于李振藻及其《里言恭挽青翁傅老先生》诗，未见他处有录。李振藻与
傅山可谓交往深厚，是研究傅山不可或缺的重要人物。傅山去世前曾遗书四人，

《傅眉杂录》之李振藻诗

其中就有李振藻，希望能照顾年幼的莲苏、莲宝二孙，不是至交不可能有此嘱托，其他三人分别是魏环溪、孙长公与汝翁。魏环溪即蔚州魏象枢[①]，字环溪，一字庸斋。生于明万历四十五年（1617），卒于清康熙二十六年（1687），谥敏果。明崇祯十五年（1642）举人，清顺治三年（1646）进士，选庶吉士，历授刑部给事中、吏科都给事中、顺天府尹、大理寺卿、户部侍郎，康熙十七年（1678）授左都御史，明年任刑部尚书。明崇祯十五年（1642）乡试时，即与傅山相识为知己，几十年交往深厚，康熙十八年（1679）"博学鸿词科"试，魏象枢与冯溥居中周旋，傅山才免于考试，"拜疏代肯"。傅山去世后次年，魏象枢联合陈廷敬、李振藻、冯云骕等通省缙绅二十一人于三月致奠祭文，并作《挽青主傅征君兼悼寿髦处士二律》。孙长公，即顺治四年（1647）二月出任山西布政使司左布政使，九年（1652）升都察院右副都御史巡抚宁夏的孙茂兰长子孙川。傅山与孙川偶遇庙中，言其日后恐有疾危及性命，后果应，并为之医治。因此，傅、孙两家成为至交，孙川对傅山感情极深，孙茂兰调任宁夏后，还始终保持了书信往来。及至傅山因"朱衣道人案"身陷囹圄，孙茂兰、孙川父子曾设法营救，此一段佳话，记之于王又朴《诗礼堂杂纂》。康熙十八年（1679）傅山被征入京"博学鸿词科"试，称病拒考，次年被准放归，京师任职的孙川送至都门外，临别执手哽咽，有"此去脱然无累矣"之语，怆然不忍言别，作《送傅青主先生归里》。汝翁即戴梦熊，戴梦熊号汝翁，浙江浦江人，阳曲县知县，与傅山交往颇深，曾请傅山补勒《宝贤堂法帖》，对傅山合家关照有加，康熙十八年（1679）被征"博学鸿词科"试，亲备驴车送傅山入都。甚至早在傅山去世前两年的《阳曲县志》中即打破活人不入志惯例，亲作《傅征君传》。

---

① （清）庆之金 杨笃纂辑．光绪蔚州志·卷十四·传一．蔚县：蔚县人民政府办公室翻印．1986 年 5 月．p320–325.

李振藻[①]，字天葩，康熙丁巳选贡，授中书舍人，迁户部主事督理右翼兴平仓，转广东司员外郎，摄四川司事，进刑部郎中，未几，擢贵州知府，以裁缺候补归。遂不复出。少从魏敏果公讲学，故其平生操履动以古人为师官。居官间力剔积弊，体恤民情，有神君之称；乡居间乐善不倦，与敏果并以学行崛起，一时世称约斋先生。其父李云华，字叶孕，一字恒岳，为诸生。一生助教助学，乐善好施。一时硕儒高士傅山与应州左光宸卒时贫不克葬，皆遣使厚赙。傅山辞世后次年三月，李振藻呼应魏象枢联合陈廷敬、冯云骕等通省缙绅二十一人致奠祭文，并作《里言恭挽青翁傅老先生》诗。诗中尽述傅山一生行述，其人、其学、其诗、其字、其画、其医，尽表诗中。结尾四句："浩气潜归箕尾舍，重望高同星日垂。不须恻怆山阳笛，千古常看有道碑。"更加催人泪下，又令人心驰神往。"傅说死，其精神托于箕尾"，傅山死，其魂魄归宗，其浩气亦潜归箕尾。傅山生前曾题联于沁源郭有道祠："王不得臣，侯不得友，自是神仙人物；隐不违亲，贞不绝俗，合称有道先生。"[②]"千古常看有道碑"，李振藻此句，也是借有道先贤喻青主先生！

其四：

祭傅青主（笔者拟）

范阳晚学杜郊

尚忆莺花圆教游，谁知一别即荒丘。

血消碧玉琴书苦，眼注白波板荡愁。

幽壑风酸悲横篆，遥天月冷暗吴钩。

晋阳山色春多少，丹翠应为学府收。

---

① （清）庆之金 杨笃纂辑．光绪蔚州志·卷十五·传二．蔚县：蔚县人民政府办公室翻印．1986 年 5 月．p337–338.

② 石生泉著．悦书杂记·上卷．平遥：自印．1985 年 11 月 3 日．p20–21.

杜郊其人，与王余佑、魏一鳌、王五修、崔玉阶、李晋亨、管有度等均为孙奇逢弟子，属于河北夏峰北学系统。河北夏峰北学为理学理路，尽管傅山、顾炎武等高举反理学大旗，倡导经世致用、经子平等思想，但真正反对的是理学"泥古""义袭""一味版拟"的教条主义、空疏学风、门户纷争与霸道作风。对于宋明理学，傅山不仅没有全盘否定，而且从历史发展的过程中进行动态研究。比如对于"实事实功"的陈亮，追求个性解放积极因素的王阳明，均多有称赞。对孙奇逢本人，则给予了很高的评价："顷过共城，见孙钟元先生，真诚谦和，令人诸意全消也，其家门雍穆，有礼有法，吾敬之爱之。不知者以为世法模棱之意居多，其中实有一大把柄，人以隐称之，非也。理学家法，一味版拟，先生则不然，专讲作用，故于嘉兴之魏、潞河之李、南昌之邹、桐城之左，均敬爱之，无异同焉，此等学问，亦大难向腐汉讲矣。"①尤其是对反对异族统治，不与清廷合作上，傅山与河北夏峰北学有着共同的观点与立场，曾为抗清斗士王延善，不与清廷合作的井焜作传。傅山交往的直隶文友中，也不局限于魏一鳌、王余佑、杜越、管有度等，还有杜郊，乃至更多的人。

《傅眉杂录》之杜郊诗

---

① 刘贯文 张海瀛 尹协理主编.傅山全书·卷三十九·杂记（六）.太原：山西人民出版社.1991年12月第1版.p787.

其五：

观青主先生摩《蔡中郎碑》

汾阳胡庭

先生又多能，修绠长汲古。不独富典谟，兼穷六书祖。

周秦及汉晋，临摹用心苦。掌窠神腾骞，铿锻筋骨聚。

三世有道碑，东京具区薮。韩干虽入室，画肉何足取。

譬如赵孟頫，俊逸失其所。北魏唐宋元，杂还纷旁午。

胡庭，字季子，汾州汾阳人，崇祯戊辰进士胡遇春次子，甲申后弃举子业，与弟胡同砥节逃名，潜心经史，尤工诗。戴廷栻曾刻《晋四人诗》，四人者，傅山、傅眉、白孕彩与胡庭。其《序晋四人诗》曰："大约四人者，心同学同，瞻识议论同，时命同。"胡庭与傅山亦师亦友，亦知音亦弟子，尝陪傅山从游，作诗唱和。胡庭与胡同兄弟著述颇丰，有《易疑》《诗经折衷》《春秋论》《古本大学解》《中庸臆说》《语孟补注》等，傅山《书〈易疑〉后》即为《易疑》作，卒后入祀乡贤祠。《观青主先生摩〈蔡中郎碑〉》一诗即从游介休之作，

《傅眉杂录》之胡庭诗

曾收录于康熙三十五年（1696）《介休县志》艺文中。从亲见者的视角，尽述傅山与子傅眉、孙莲苏摹《蔡中郎碑》过程，追溯三代书法渊源，碑帖皆顾，六书兼穷，定位先生书法艺术水准——"北魏唐宋元，杂沓纷旁午。"吴雯也曾有《郭有道祠见公他书中郎旧谏，叹美不已，因记以诗》，收于《傅眉杂录》及各版《霜红龛集》附录中："系马古槐下，槐花石堂偏。谁书有道碑，古法蛟龙缠。其文中郎旧，书亦堪比肩。嗟哉浊堂老，纵横照秋烟。鸿都迹久芜，帷幕留残镌。夏承谁呵护，灵光犹岿然。魏巍九疑颂，托迹于神仙。此碑妙

接武，绝乡续千年。梁鹄鄙不为，颉籀或后先。我来重叹息，典型欣目前。坐卧欲三日，苦被尘累牵。上马再回首，孤鹏方高骞。"同样对傅山摹《蔡中郎碑》给予了高度评价。其实，不论胡庭抑或吴雯，始终透露的不仅仅是对傅山书法的评价，更是对傅山其人的认同。

上录五诗出自五个不同类型的历史人物，为研究傅山提供了各不相同的视角。可见，《傅眉杂录》所以收录其中，有着其独特的意义与价值考量。

《傅眉杂录》第二册后眉批"至此书至另人抄傅山"下，录有27人赠挽傅山诗，除上述5人外，将其他22人诗均对照于《傅山全书》。

附录如下：

《傅眉杂录》与《傅山全书》所录赠挽傅山诗对比一览表

（为便于研究对比，表中异体字不做简化）

序号	作者	《傅眉杂录》所录赠挽傅山诗	《傅山全书》所录赠挽傅山诗
1	孙川赠诗	《己未春日送傅征君归里》三韩孙川 "春色皇都胜萧然， 物外身难禁霎眼。"	《送傅青主先生归里》孙川 "春色皇都胜萧然， 物外身难禁双眼。"
2	冯溥赠诗	《小诗奉赠征君傅青主先生旋里，时己未三月初》 骈邑冯溥 "祝嘻迟鸠杖， 祈言尚帝都。" "病缘岂借世情医， 高咏谁堪五噫岁。"	《奉赠征君傅青主先生二首》冯溥 "祝嘻迟鸠枚， 乞言尚帝都。" "病缘岂籍世情医， 高咏难堪五噫岁。"
3	魏象枢挽诗（仅题目有异）	《蔚萝司寇魏庸斋挽傅征君兼悼处士》魏象枢	《挽青主傅征君兼悼寿毛处士二律》魏象枢

4	戴梦熊赠诗	《诗奉傅青主先生》 金华汝兆戴梦熊 "七征勉趋自丹陛， 　八法何人斗彩毫。 藜阁拥书卿月烂， 桐江放艇客星高。 羹梅简赉君家事， 霖雨还须洒墨涛。"	《诗奉傅青主先生》 戴梦熊 "七征勉趋自丹陛， 　八法何人斗彩毫。 藜阁摊书卿月烂， 桐江放艇客星高。 君身自昔充仙骨， 谁复营心数二豪。"
5	钱悦民赠诗 （该诗异同甚多）	《小诗奉贺 征君》钱无疆 "桂子兰孙个个奇， 称觞戏彩争趋走。 孟也风云会有期， 附凤攀龙直唾手。 吴君乐宾何所有， 香醪白瓮君知否。 共醉春风歌黄耇。"	《小诗奉贺 征君》钱悦民 "西村主人世莫偶， 门栽松菊延好友。 桂子兰孙个个奇， 称觞戏彩争趋走。 问君乐宾何所有？ 香醪百瓮君知否？ 共趁春风醉黄耇。"
6	朱之俊赠诗	《春夕怀傅青主先生，观壁上书，如或见之》汾州府朱太史峪园近草朱之俊 "一见开怀胜所闻" "诗纪三年新甲子"	《赠傅青主》 朱之俊 "一见开襟胜所闻" "诗记三年新甲子"
		增：契阔三时心若焚，其如野鹤与孤云。 奚囊半贮参苓剂，行脚常羞麋鹿群。 闻道志游曾有记，谁云既隐不须文。 何时得遂平原约，书破羊欣白练裙。	
7	释园璧挽诗	《奉挽摩诃隐德青翁傅老先生偕先生子居士寿翁先生俚言二章》 释圆璧薰沐拜草	《挽青翁先生偕子寿翁居士》 释圆璧

8	王方谷 赠诗	无题 王方谷 "竭来返旧林， 　日夕遂幽寻。" "愿言展良觌， 　知君有好怀。"	《谒傅青主先生》王方谷 "竭来返旧林， 　日出遂幽寻。" "愿言展良觌， 　知君有好怀。"
9	李大春 赠诗	《赋赠青主先生先辈，即请词宗教正》五原李大春 "海岳尊所闻，吾师郑广文。黄农征道合，律历取材分。鹤径盘高步，松窊鐼夕曛。客中承几杖，迢遰晋阳云。" "细软怜新草，暄和恋野晴。偶从麋鹿侣，顿畅辟萝情。布被容山叟，牛衣接上卿。自然成独往，愁绝世人名。" "艺绝思难尽，神清兴不慳。书穷过白日，画壁满禅关。莺啭花台静，鸥行野水闲。萧然高一座，咫尺渺难攀。" "迷路从谁问，高纵叹不胜。心同春水汎，愁逐乱云增。暖腹滇山粟，扶身杖老藤。还符衰飒病，一叩佛图澄。" 　　　"己未二月初谒"	《赋赠青主先生》李大春 "海岳尊所闻，吾师郑广文。黄农征道合，律历取材分。鹤径盘高步，松窊鏾夕曛。客中愁未达，迢遰晋阳云。" "细软怜新草，暄和恋野晴。偶从麋鹿侣，顿畅辟萝情。布被容山叟，牛衣接上椰。自然成独往，愁绝世人名。" "迷路从谁问，高踪叹不胜。心同春水汎，愁逐乱云增。暖腹滇山粟，扶身杖老藤。还符衰飒病，一叩佛图澄。"

10	李瑞征赠诗	《己未二月初谒青翁先生偶拈请正》金容后学李瑞征 "西方有异人， 　耳食亦云天。" "以之为传薪， 　无乃颣敝帚。"	《己未二月初谒青翁先生》李瑞征 "西方有真人， 　耳食亦云天。" "区区冀传薪， 　无乃颣敝帚。"
11	吴雯赠诗 （无异，但《全书》还收有《读傅公他诗感书其后》）	《过有道祠，见公他书中郎旧谏，叹美不已，因记以诗》（未落名） "系马古槐下，槐花石堂偏。 谁书有道碑，古法蛟龙缠。 其文中郎旧，书亦堪比肩。 嗟哉浊堂老，縱横照秋烟。 鸿都迹久芜，帷幕留残镌。 夏承谁呵护，灵光犹岿然。 魏巍九疑颂，托迹于神仙。 此碑妙接武，绝响续千年。 梁鹄鄙不爲，颉籀或后先。 我来重叹息，典型欣目前。 坐卧欲三日，苦被尘累牵。 上马再回首,孤鹏鹏方高骞。"	《过介休有道祠，见公他书中郎旧谏，叹美不已，纪以诗》吴雯
12	武承谟挽诗 （无异）	《丁亥南安江上偶怀青主先生作》夵由武承谟	《丁亥南安江上偶怀青主先生作》武承谟
13	甄昭挽诗	《挽公佗先生》石艾后学甄昭 "征君已去同孤竹， 　不羡辽阳化鹤丁。"	《挽公佗先生》甄昭 "先生已去同孤竹， 　不羡辽阳化鹤丁。"

14	高拱宿 挽诗	《哭青主先生》 高拱宿 "四十馀年完破衲， 　孤腔犹觉走双丸"	《哭青主先生》 高拱宿 "四十馀年完被衲， 　孤腔犹觉走双丸"
15	管有度 挽诗	（无题）渥水晚学管有度 几载闻声欲识韩， 须眉犹幸炙长安。 扶鸠不掩夔龙色， 挥尘还腾孤凤翰。 岁月久淹添白髪， 溪峦只合老黄冠。 少微何遽中宵别， 砥柱谁廻大地澜。	《哭青翁先生》 管有度 十载闻声未识韩， 须眉犹幸炙长安。 扶鸠莫掩双龙□， 挥尘时腾孤凤韩。 天地有情容白髪， 山河无福驻黄冠。 祇余石室遗文在， 万卷凄凉不忍看。
16	王赟 挽诗	（无题）渥水晚学王赟 翠壁丹崖处士宫， 龙蛇岁厌那堪逢。 大还自了幽栖志， 振藻谁分造化功。 天设山河供冷眼， 人从樵牧识高风。 西来莫讶无佳气， 踏破烟霞少此翁。	哭青主先生 王赟 翠壁丹崖处士宫， 龙蛇岁厌竟相逢。 大还自了幽栖志， 词组犹分造化功。 天设山河供冷眼， 人从樵牧识高风。 西来莫讶无佳气， 踏破烟霞少此翁。
17	杜樾 赠诗	《奉赠青翁先生兼博郢和》 范阳杜樾君异	《寄呈青翁先生兼博郢和 丙辰三月》 杜樾
18	叶奕苞 赠诗	《己未暮春再酬征君傅老先 生》昆山叶奕苞九来 "须眉还太古， 　谈笑总天真。"	《己未暮春再酬征君傅老 先生》 叶奕苞 "须眉还太古， 　谭笑总天真。"

19	阎尔梅 赠诗	《霜红龛访傅青主》 沛县闫尔梅古古 "狼孟西南大卤平, 　汾川直逼太原城。 山中有客能逃世, 　海内无人敢好名。 金石编年藏绿瓯, 　渔樵结伴采黄精。 晋祠松栝深秋老, 　秃笔烦君画几茎。"	《访傅青主于松庄青主讳山,忻州处士》 阎尔梅 "狼孟沟南大卤平, 　汾川直扫太原城。 山中有客能逃世, 　海内无人敢好名。 金石编年藏绿瓯, 　渔樵约伴采黄精。 晋祠松栝秋深老, 　秃笔劳君画几茎。"
20	陈禧挽诗 (《杂录》仅录第二首,无异)	《挽石道人》燕山陈禧霭公	《挽石道人二首》陈禧
21	张耀先 纪念诗	《访青主先生霜红龛》 阳曲张耀先思孝 "矼磴巉巗一径攀, 　屐踪平处得松关。 白云秋老岩前卧, 　红叶霜红槛外环。	《访傅青主先生霜红龛》 张耀先 "巉磴巉嶻一径攀, 　屐踪平处得松关。 白云秋老岩前卧, 　红叶霜深槛外环。"
22	屈复 题画诗	《题青主先生畵册十幅》 蒲城曲复悔翁 "偶窥清净源, 　寒山照幽谷。" "此间习静何沉沉, 　我欲从之千万里。" (《杂录》后缺:想银河挂帆席。灵秀何年锺太原,征君一出乾坤辟。余墨十幅落人间,万里山川归咫尺。)	《题傅青主畵册十幅》 屈复 "偶窥清净源, 　寒日照幽谷。" "此间习静何沉沉, 　我欲从之天万里。"

姑妄言之卷

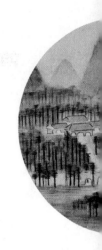

龛外霜叶红

傅山为亲家题墓碣

　　傅山一生中极少为人题墓碑，但事有例外，这例外之人其实亦并非外人，而是独子傅眉的岳父，他的亲家朱花史。

一、傅青主题朱花史墓志

　　已故平遥收藏家、文史研究者石生泉行走于民间田野，于傅山文献资料的收藏保护甚有贡献，诸如山西博物院藏品《东汉书姓名韵》《王注傅青主集》《我诗集》《傅青主草书册》《傅青主草书咏史册》《傅青主草书十二条》《傅青主先生绫本草书条》等，均曾为先生收藏，并有题跋记述来龙去脉，详细记述于其《董傅书室题跋》[①]。《傅山全书》卷十一五言律诗中《无题》[②]诗"老人冬闭户，赤足暖床趺。剧睡严茶戒，伤饥长粥腴。回看身也长，不饮酒能徒。树叶追前日，生教弱翰孤。"即由陈监先先生录自石生泉抄本。在先生自印《悦

---

① 石生泉著.董傅书室题跋·上下卷.平遥：自印.1981 年 5 月 30 日.
② 尹协理主编.傅山全书·卷十一.太原：山西人民出版社.2016 年 4 月第 1 版.p222.

书杂记》①中，还另有《傅青主题朱花史墓志》记录：

"日前，余见傅青主与朱花史题墓碣，书法行草，字大四寸左右。此石高有四尺，横可二尺弱，三行十八字。其文为：眷□（疑脱一"亲"字）傅山题。正中题：呜呼，此为旧游不窥园主人朱花史词兄之墓。次行题：配董孺人，合葬。此种拓片，还是稀见，可谓奇人不俗也。读《半可集·傅寿毛行状》有云'配平定故锦衣指挥朱某之女'，此必为朱花史之女也。"

三行十八字殊为珍贵，似乎"董孺人"与傅眉谏文《铭朱氏》所诉"蔡氏"矛盾，但并不能否认石生泉先生的判断。或许朱花史妻室并非一房，董孺人之外另有继配或侧室。此外，傅山仅傅眉一子，称眷亲者，傅眉岳丈之外别无他人。

依此思路，在《霜红龛集》中，可得若干关联内容。一是《傅山全书》卷八中有《无聊杂诗己丑（顺治六年，1649）寓平定马军村即事有拈，不拘沈韵》，其十二首记有朱花史事："雪林白马贵，花史黑驴闲。石径时遭堕，青鞋暂得完。长鸣红树里，缓蹀翠微间。生怕嫌吾俗，虚哦似有删。花史母君得危疾，余设医愈之。每往来，皆以其所爱黑驴驮之，故引云林白马。"②二是《傅山全书》卷十八中记有"朱花史不窥园"对联："桑海以来，几卷丹黄何处好；秋冬之际，一坡苍翠此中偏。"③一个"不窥园"典出《汉书·董仲舒传》之"三年不窥园"，足见朱花史并非俗人，傅山不仅能为花史母数次疗病，而且赠"朱花史不窥园"对联，更说明二人关系非同一般，既是词兄同道，更是儿女亲家。

---

① 石生泉著.悦书杂记·上卷.平遥：自印.1985年11月3日.p26.

② 刘贯文 张海瀛 尹协理主编.傅山全书·卷八.太原：山西人民出版社.1991年12月第1版.p140.

③ （清）刘霱等编.霜红龛集备存.民国元年阳曲高等小学堂版.卷三十二·对联.p2-3.

二、朱氏生辰、婚期、卒日及葬日

关于傅眉的婚姻，记述资料甚少。戴廷栻《半可集·高士傅寿毛行状》①云："平定故锦衣指挥朱某之女其原配也。"但除此之外，再无线索可寻。傅眉所留可资分析研究的文字，也仅见其为发妻朱氏所写诔文《铭朱氏》：

"此傅寿毛糟糠结发朱子之陇也。今之志妇人之陇者，焉有不言其妇人之贤也，吾耻之，志之以情。父平定诸生□□，母蔡，其所自出。丁丑癸卯□□□巳，其生之年月日时。二月二十六，其归我之年月日。癸丑乙丑辛丑甲午，其卒之年月日时。甲寅腊月初六，其葬之年月日时。乙卯二月初□□之原，其兆之阡。乾巽，其阡之向。大儿莲苏，小儿莲宝，大女大荐，小女小荐。是子之情也，我之情也，情之所在，不能不痛而志之。嗟乎悲哉！往五六年前即梦志子之陇，自起句至志之以情，皆梦中之语也。嗟乎悲哉！今竟用之以志子之陇，竟验于此时，而梦中之年月竟尔不验也。以达自解，忍恸铭之。铭曰：有土其美，宜孙宜子，是之谓情，不至废礼。"②诔文中有七个脱字以□代之，尽管不影响解读，但补齐之仍具意义，特别是对了解朱氏家族乃至朱氏卒后至下葬期间傅氏一门的活动，可提供必要的参考。

其一，"父平定诸生□□"。对比石生泉先生所记《傅青主题朱花史墓志》，傅眉岳丈即此傅山词兄明诸生朱花史。两空格应为"花史"二字，傅眉岳丈为"平定诸生花史"，当然，抑或为长者讳，写作"平定诸生某某"。

其二，"丁丑癸卯□□□巳，其生之年月日时"。可以光绪间增补刻印之雍正五年（1727）丁未会稽本《钦定万年书》比对。该书一函四册，前有《御纂历代三元甲子编年》，后为上自明天启四年（1624）甲子，下至光绪后辛酉

---

① 范维令编.丹枫阁遗珍·半可集备存.太原：三晋出版社.2014年6月第1版.p389.

② 刘贯文 张海瀛 尹协理主编.傅山全书·附录一·卷十·文.太原：山西人民出版社.1991年12月第1版.p4904-4905.

（1921）《钦定万年书》。朱氏生辰丁丑年癸卯月，为明崇祯十年（1637）二月某日巳时，由于时辰仅存地支"巳"，无法推及日期，三脱字也难以补齐。"二月二十六，其归我之年月日"。傅眉与朱氏成婚仅有月日，未及年份与时辰，但从以下两个方面可以互证傅眉与朱氏成婚当在顺治七年（1650）庚寅二月二十六日。一方面，据傅山《致魏一鳌十八札》之第四札"老亲拟有平定孙妇之娶，而适丁郊垒闭之，太原县城戒严不能出，谓翁台可代为山谋而引手也"之内容，在《新编傅山年谱》[①]中，尹协理先生结合太原城顺治六年（1649）己丑四月以后至年底戒严，傅山为接老母离开太原城至平定张罗傅眉婚事，因而写信于魏一鳌求助，判定出傅山与朱氏成婚年份当为顺治七年（1650）庚寅。另一方面，从生理医学与习俗的角度也可以印证尹协理先生的结论。《黄帝内经·素问》首篇《上古天真论篇第一》论曰："帝曰：人年老而无子者，材力尽邪？将天数然也？岐伯曰：女子七岁，肾气盛，齿更发长。二七而天癸至，任督通，太冲脉盛，月事以时下，故有子。三七，肾气平均，故真牙生而长极……七七，任督虚，太冲脉衰少，天癸竭，地道不通，故形坏而无子也。"女子 14 虚岁才发育成熟，具生育能力。与此相应的习俗是，女子成婚圆房，最早须过 14 虚岁，否则会形成生理伤害。朱氏生于崇祯十年（1637）丁丑二月，到顺治七年（1650）二月满十四虚岁，该年成婚符合生理医学与习俗。"癸丑乙丑辛丑甲午，其卒之年月日时"。朱氏卒日，癸丑乙丑辛丑甲午，日上起时法"丙辛从戊起"，为清康熙十二年（1673）十二月初六 11 至 13 时之间。第四，葬日甲寅腊月初六，据年上起时法"甲己之年丙作首"，甲寅腊月为丁丑，初六日为乙未，清康熙十三年（1674）腊月初六的干支表述为"甲寅丁丑乙未"。即直到卒后一年的康熙十三年（1674）腊月初六朱氏才入土安葬。

---

① 尹协理主编.傅山全书·附录八（第二十册）.太原：山西人民出版社.2016 年 4 月第 1 版 .p314.

其三，"乙卯二月初□□之原"。或许是出于乡俗等其他原因，康熙十四年（1675年）二月，傅家又举行了祭祀活动，但"乙卯二月初□□之原"二脱字无法补全。如果依据谏文范式，勉强补之为"乙卯二月初，其陵之原，其兆之阡"（兆，同"姚"）。

综上可见，朱氏生于明崇祯十年（1637）二月，婚于顺治七年（1650）二月二十六日，卒于康熙十二年（1673）腊月初六午时，享年37岁。多种《傅山年谱》中将朱氏卒日确定为康熙十二年（1673）腊月初七，存误。

三、康熙十二年（1673）腊月后三年间活动事项

康熙十二年（1673）腊月以后的三年间，青主丧媳，傅眉丧妻，莲苏、莲宝丧母，不仅如此，又有康熙十三年（1674）夏傅山之侄傅仁亡故。傅山此间虽也连续两次行走于宁乡，游柏窊山，交友作诗，甚至还有莲苏陪侍，招收弟子至家授以双钩勒石技艺等活动事项，但朱氏去世对于傅家生活的影响是可想而知的。

康熙十四年（1675）春，傅眉借《庄子·至乐》"庄子妻死，惠子吊之，庄子则方箕踞鼓盆而歌"，作《代盆之歌》悼念亡妻，《霜红龛集》张本、刘本、王本均将《代盆之歌》[①]题作《悼亡十二首》，并署"乙卯"二字。"有如庄子者，而始许之歌。尔若稍闻道，吾当略可过。痛将娇女抱，爱向去时多。自谓不能达，达人其奈何！""小院丁香树，开时住别人""花底啖粗饭，花阴覆小盘""虚室空如此，盈梁塞乱愁"。作《哭寿元弟十三首》[②]哭傅仁，"不敢开门看，青青见紫荆。空庭人不在，几日草齐生。政可乾坤活，而先性命倾。

---

① 刘贯文 张海瀛 尹协理主编.傅山全书·附录一.太原：山西人民出版社.1991年12月第1版.p4843.

② 刘贯文 张海瀛 尹协理主编.傅山全书·附录一.太原：山西人民出版社.1991年12月第1版.p4839.

伤心无过此，隐痛更难明。"悼妻、哭弟，皆为当时情形写照。

在康熙十二年（1673）腊月以后的三年间，特别是康熙十四年（1675）二月前的一年多时间里，傅家一直笼罩在失去亲人的悲情中，尤其莲苏、莲宝处于守孝期间，均应行守制之礼。所以，对傅眉父子，包括傅家此间活动之研究，应充分考虑到这一因素。

傅山与太原钟楼街

傅山（1607—1684），初名鼎臣，改名为山，原字青竹，后改青主，别号颇多，诸如公它、公之它、朱衣道人、石道人、啬庐、侨黄、侨松等等，生活在明清鼎革时期，横跨明、清两个朝代万历、泰昌、天启、崇祯与顺治、康熙六个帝王，经历了明季壮年率诸生进京请愿、中年参与秘密反清活动被捕、老年博学鸿词拒官三件重要历史事件。学术上与顾炎武、黄宗羲、王夫之齐名，被尊为"清初六大师"，倡导经世致用，于佛学、道学、子学多有创见，于音韵、名学、金石，诗书画印多有发见，精岐黄术，时人皆称"神医""仙医"，身后存世有《霜红龛集》《傅山女科》等著述，以及大量的碑刻、书画作品、中医验方。傅山一生播越，足迹遍及省内各地，民间流传有大量传说，尤以太原为最，而太原则多与钟楼街一线周边相关。

纵观傅山一生，明末的生活主要在西村与府学书院之间，并常与同好陈谧、杨方生等拜访乡贤、游走寺观，诸如王嘉言、钱文蔚、梁檀、文玄锡，雪峰、雪林等。一次傅山与陈谧前往桥头街拜访王嘉言，王先生游宦二十余年，所见庭堂窗户不能得纸，风声呜呜作响；所用椅子无有成对者，桌子残毁不稳，用它物支撑；所餐仅小米两碗、黄咸菜两碟。但真朴懒简，好围棋，自得其乐。往南关拜访梁檀芦鸳斋，家虽贫，但古书桐琴，喜书善画。又拜访钱文蔚，见闻亦不过围棋茶酒，吟风弄月，寻花访竹。三立书院读书间，曾发起主导了进京为袁继咸平反的请愿活动。李自成起义祸及太原时，也一度配合地方抵制。清人入关后，他又积极支助并参与了行动上的反清复明起义，可以说倾其家财，身体力行，始终过着寓居生活，游走于山西汾州、晋祠、祁县、平定等地，乃至省外。其间，太原城不仅是他成长的摇篮，也是他从事反清复明活动的筹资渠道。

到顺治十七年（1660）春天后，眼见一次次反清起义失败，特别是经过顺治十一年（1654）十月十三日受宋谦案牵连被捕，历经多方营救才于次年七月间获释的"朱衣道人案"，傅山选择了隐居松庄，从行动上的反清转变为思想上抗清，一直到十七八年后的康熙十七年（1678）。这一期间，松庄成为大江南北的重要学术阵地，一大批志同道合的社会名流纷至沓来造访傅山，诸如顾炎武、申涵光、阎若璩、阎尔梅等，留下无数佳话。

明末傅家已是太原望族，书香门第，官宦人家，不仅与晋府有着姻亲关系，其他姻亲也皆为门当户对的家族。傅家在忻州顿村与阳曲西村一带拥有大量地产，在太原府城傅家巷拥有房产，还有从好园、傅氏御园等园林。但经过李自成起义，满人入关的连年战乱，到清朝立国后，社会动荡，秩序混乱，经济凋零，加之傅山倾其家产资助参与反清复明，生活的拮据可想而知，尽管也得到诸多好友同道的帮助，如魏一鳌、戴廷栻、文玄锡、陈谧等，但要从事文化抗清学术活动，维持一家人的生活，仍需要自食其力，甚至被迫鬻书卖画、行医卖药、经营酒馆。

从下面几则与钟楼街相关联的故事中，我们可以从更多的侧面了解傅山这样一位历史人物。

一、傅山与卫生馆、大宁堂及太原府城医界

傅山与子侄在太原府城曾拥有一家"卫生馆"药铺，匾题"目华心遁"，

柱联为"以儒学为医学，物我一体；借市居作山居，动静常贞"。虽难以断定具体位置，但离按司街不远，因为此间傅山常路过南仓巷一家回民羊肉馆，曾为其取名"清和元"，并直接传授了"八珍汤"。"卫生馆"由傅眉、傅仁兄弟经营，傅山则住在郊外，也经常坐诊于堂中。其时的《行医招贴》完整描述了傅家卫生馆药铺的情况："世传儒医，西村傅氏，善疗男女杂症，兼理外感内伤，专去眼疾头风，能止心痛寒嗽，除年深坚固之沉积，破日久闭结之滞瘀。不妊者亦胎，难生者易产，顿起沉疴，永消烦苦，滋补元气，益寿延年。诸疮内脱，尤愚所长，不发空言，见诸实效，令人三十年安稳无恙，所谓无病第一利益也。凡欲诊脉调治者，向省南门铁匠巷元通观阁东问之。"①傅山诗中有五律《儿辈卖药城市诽谐杜工部诗五字起得十有三章》，五律《墨池》，排律《卖药》，个中味道，耐人寻味。

反映傅山与博学鸿词的新编晋剧《傅山进京》中有这样一幕：说的是清康熙十八年（1679）傅山被迫抵京应博学鸿词试，但他不入京城住城外，不住驿站住寺庙。居庙间为太皇太后依发辨症，断为相思病，寺外抓一把草药，由子孙煎服三次即愈。康熙皇帝听后动怒，太皇太后则珠帘后赞不绝口：傅山神医也，哀家前天下午翻箱时，无意发现你祖父太宗皇帝的一双皮靴，不禁触动心怀，他与哀家分别已三十六年了！皇上，傅山诊断得好准呀，哀家一听，心头顿觉轻松了！这一故事的发生地其实是在太原府城的巡抚衙门内宅，离傅山坐诊的卫生馆、大宁堂仅帽儿巷一街之隔，是剧作者因剧情需要移花接木而已。

事情本来是这样的，傅山晚年以医见者见，不以医见者不见，常就诊于卫生馆与大宁堂。其时巡抚闻知傅山名望，欲见而不得。一日，巡抚太夫人得疾，嘱阳曲县令邀傅山为诊，傅山应允但避见巡抚，诊脉毕直言："如此年纪，何

① 刘贯文 张海瀛 尹协理主编.傅山全书·附录二.太原：山西人民出版社.1991年12月第1版.p4987-4988.

"大宁堂"旧照

得如此病！"也不开方，拂衣将去。县令强留叩问，傅山才说出病情："相思病也，得诸昨日午间。"傅山离开后，巡抚再三询问县令，县令却难以启齿。太夫人微闻，自内叹服："神医也。吾昨午翻箱笼，偶见若父履，遂得疾耳。当以实相告。"县令转语傅山，一帖而愈。这一诊断医治相思病的故事记录于清乾隆间徐昆的《柳崖外编》[①]中。

另一个傅山的医案故事发生在活牛市杂货铺李掌柜身上。说的是杂货铺李掌柜身患重病，省内外诸多名医都劝他赶紧回家安排后事，当他找到傅山把脉后，得到"尚有一线希望，但药物难以找到"的诊断。李掌柜悲中见喜，即便是卖光家产也要找到药物，傅山径直开出"人脑百个，盘龙草百条"两味药引子。李掌柜急得团团乱转，这人脑难找，盘龙草又是个啥！傅山不急不缓为李掌柜释疑：人头上出脑油，为人脑之精，都渗在毡帽上，穷人戴过几十年的旧毡帽最好，龙盘草就是草帽，同样越旧越好，由于饱受暑热，汗精滋养，吃则补益。而且，两味药引子，必须每天日出前病人亲自在东城门外面阳站立，从推车挑担人身上寻找。药引子找全便可开方子配药，药到病除。李掌柜天天立在东城门外寻寻觅觅，不知不觉一年过去了，两种药引子也找到了一大车。当李掌柜拉着一车药引子上门请傅山赐方时，傅山笑而作答，"李掌柜身已无病，何需开方！"并讲明缘由，因李掌柜忙于生意而绞尽脑汁，常生闲气，导

---

① （清）徐昆著.柳崖外编·卷五.长春：吉林大学出版社.1995年11月第1版.p84-85.

致伤心损脑，伤肝损脾，因而久伤成疾，危及性命。一年来不论春夏秋冬，天天吸纳新鲜空气，又放下身段亲立城门收买百姓毡帽、草帽，还不免招熟人玩笑，自己也从不好意思到自得其乐，早已心脑复健，肝脾恢复，病症皆无。这一精神疗法功效奇特，不仅传为杏林佳话，也成为特殊医案。这一特殊医案，民初葛虚存《清代名人轶事》[①]有记。

"大宁堂"注册商标

大宁堂坐落于太原按司街与帽儿巷拐角处按司街西口，坐北向南，前店后厂，创建于明末清初，是当之无愧的老字号。时至今日，太原市档案馆仍保存了许多大宁堂珍贵的历史资料与档案。辛亥革命中大宁堂曾惨遭乱兵焚毁，由王钊恭重修复业，称大宁堂德记。1917年再遭火灾，重新改组为大宁堂久记，重新建筑二层楼，这也是按司街市面上第一座楼房。1934年2月1日再由保德堂出资3000元，取号"大宁久"。1949年大宁堂资产核定为人民券2360万元，从业8人，向国家上缴所得税人民券128.18万元。1950年5月，大宁堂、大仁堂、恒济堂、义生药庄四家药店申请公私合营，合并归属为省药材公司。之后广州义丰行也参加联营，筹组大生恒国药制药厂，后改称太原中药厂。但不管隶属体制如何变化，"大宁堂"药店名称始终未变，傅山亲书"大宁堂"三字门匾一直悬挂于门楣上。民国年间，门面前缘四根顶柱均挂有与顶柱等长的柱联，分别为"本堂秘传二仙合和丸发庄""本堂秘授脾肾两助丸发客""本

---

① 葛虚存著.清代名人轶事·卷五.太原：山西古籍出版社.1997年7月第1版.p145—146.

堂秘传应症丸散膏丹""本堂炮制咀片地道药材"。在门市平楼的东西山墙上刻有傅山先生的七言绝句：

东山墙上为：

不学韩康隐市中，好将妙药学雷公；

者番更得鸥夷术，劫火徒输一炬红。

西山墙上为：

寿世婆心为货殖，青囊方术古今灵；

自浮病苦能除却，不愧堂名是大宁。

根据相关记载与民间传说，大宁堂以及其制产的特效中成药之所以能享有几百年的盛名，就在于明末清初大宁堂的创始人生员陈谧（右玄）为傅山密友、同道，二人曾相偕拜访乡贤，明亡后弃儒从医，参与抗清活动。傅山亲自在大宁堂坐堂行医，二人还共同研究中医中药，秘制了和合二仙丸、脾肾两助丸、血晕止迷散等中成药。

其实傅山不仅专注于自家的卫生馆药铺，长期在大宁堂坐诊，太原府城东米市的"济生馆"北司街的"同仁堂"等药店也都得到过傅山的帮助。

山东李光远本来是一个走街串巷的摇铃游医，得傅山帮助才在东米市开了"济生馆"药铺。傅山还将自己多年实践的外科特效秘方取名"济生膏"，连同九龙膏、拔毒膏、如意丹三种外科成药方一并送与济生馆，授以炮制秘诀，为"济生馆"亲书匾额。

关于傅山亲书"济生馆"匾额，民间还流传有这样的故事，李光远恳请傅山书写匾额时，见他写了一幅又一幅，地下桌上铺得满满的。心里暗想：都说傅山精益求精，难道写了这么多也没一幅满意的？便随口请先生歇歇再写。傅山止笔，正好写了十八幅。转身对李光远说："恭喜了！你将来能开十八座药铺。"李光远听后慌忙恳请傅山再写，傅山笑答："世间事，说破也就不灵了。"当然这"济生馆"是否开到了十八座不得而知，但一直经营到1952年却是事实，处方保留至今。

"同仁堂"的匾额也为傅山亲书，还题词一首："医药卖药，一体待客。取利公平，富者无贪。功研三百，道宗五千。祖传儒医……" 此外，城隍街与大濮府的两家药店也分别得到傅山"葵日丸"与"乌鸡丸"秘方传授，成分、炮制与主治、疗效相同，仅叫法不同而已，是专治妇科的特效药，同样行销三百余年。

傅山是名医，也是神医、仙医，他的行医故事传遍三晋大地，可以说妇孺皆知。

二、傅山与头脑杂割清和元

傅山本是儒家弟子，从小受教于孔孟经典，同时也兼爱诸子百家，明亡出家为道士后，也常来常往于佛庙道观间。不仅如此，他兼容并蓄，不排斥任何宗教，与绛州人天主教徒韩霖兄弟乃至伊斯兰教徒文玄锡、梁檀皆为好友。

明末清初，回民朵家在南仓巷开设了一家羊肉馆，生意兴隆几百年，到民国时，既有普通餐座招待一般顾客，又有高档次的单间雅座小格子招待上层人士，在当时的太原城十二家正店中最富名气，当年丁果仙拜高文翰的拜师宴，程玉英的婚宴都在这里举办，这便是至今鼎鼎大名的老字号"清和元"。而清和元之所以长盛不衰，也得益于傅山当年的无私帮助。

傅山在卫生馆与大宁堂坐诊多年，经常会路经南仓巷朵家羊肉馆，遂把为孝顺母亲而研制的"八珍汤"秘法传授朵家羊肉馆，并为朵家羊肉馆定名"清和元"，八珍汤取名"头脑"，羊杂碎取名"杂割"，连读三名便是"头脑杂割清和元"，同时还写给铺面一幅字："古人学富在三冬，懒病难将药物攻。江泌惜阴乘月白，傅山彻夜醉霜红。"以寄托其反抗元朝、清朝异族统治的思想情感。

头脑有八样配料，为羊肉、藕根、长山药、煨面、良姜、黄芪、酒糟、羊尾油，外加腌韭菜做引子，所以也称"八珍汤"。白糊糊中三块肥羊肉、一根藕根、一块长山药，酒香、肉香、药香浑然一体，岂不像"头脑"。有头脑自

移址桥头街的"清和元"

然要有"帽盒"佐食，面不发酵，添加椒盐，捏成饼状，中空带帽。另有"稍梅"，多用肥羊肉馅，因配料不同形成各具特色的口味，如羊肉西葫芦馅、羊肉白菜馅、羊肉莲菜馅、羊肉黄芽韭馅、羊肉大葱馅。头脑、帽盒子，腌韭菜做引子。白露上市，春去止售，益气调元，活血健胃，滋补虚损，老少皆宜，产妇催乳、老人养生，乃至辅助治疗腹痛、尿频、噎嗝、吐血、经漏带下等病症。与此同时，清和元一年四季羊肉宴席，涮羊肉、扒羊肉、焖羊肉、干片羊肉、干爆羊肉、羊过油肉，配以自家酿造的干榨黄酒，甚至发展到选羊、宰杀、加工的精挑细拣，精工烹调，形成了独具特色的风格与风味。

时至今日，尽管清和元已两次迁址，但风味依然，品味杂割、头脑、帽盒子，外加干榨黄酒，倾听傅青主传奇故事，早已成为太原饮食文化特色，也是傅山留给后人的宝贵物质与精神财富。

三、傅山与定元馆饭庄及其"醉乡深处"匾额

明末清初，傅山原有经济来源特别是地租收入受到严重影响，他曾在甲申（1644）、乙酉（1645）年间典卖家产筹资从事反清复明的秘密活动，到顺治七年（1650）前后，原有积蓄多已耗尽，不得不寻求其他办法解决生计问题。傅山曾写信给时任布政使经历的好友魏一鳌，寻求取得经营酒馆许可，拟与他

人合开一家酒馆补贴生活，最终是否如愿找不到文献记载。但根据后来发现的一些线索，傅山与他人在东羊市应该开成了一家酒馆，当时酒馆的名称不好断言，但到清末时，一家名叫定元馆饭庄的酒馆依然经营，而且傅山亲书的匾额依然高悬酒馆过厅。

这样的推测也并非穿凿附会，除了当年傅山求助魏一鳌的信函外，还有一些鲜为人知的依据。

康熙二十七年（1688）前成书的《斩鬼传》。作者刘璋为清康熙间阳曲人，生于康熙六年（1667）六月，康熙二十七年（1688）写成《斩鬼传》，康熙三十五年（1696）中举，道光二十三年（1843）《阳曲县志》记载其曾为城东十五里的淖马村重修神清观撰记，雍正元年（1723）任直隶深县县令，卒年当在乾隆十年（1745）后。《斩鬼传》[①]第九回是描写"醉死鬼"在"醉乡深处"的故事。"醉乡深处"饭庄到底是刘璋虚构，或实有其店，不得而知。民国间，了解山西民间掌故最多的学者常赞春在其《芨宧语故》一书中解开了这一难题，"清光绪末年，太原府东羊市街定元馆饭庄，过厅上犹悬'醉乡深处'四字匾额，系傅山手题。"从刘璋的生年与《斩鬼传》成书的年代分析，相去傅山拟与他人合伙开办酒馆也就 20 到 30 年的时间。可以推断，"醉乡深处"饭庄并非刘璋杜撰，就位于太原府城东羊市街，而且一直延续了 200 多年，过厅悬挂傅山手题"醉乡深处"匾额，即到清末仍在经营的"定元馆饭庄"。这些散见于魏一鳌信札、刘璋剧本与常赞春掌故的零星记载，确可以为傅山曾经与他人在东羊市街合开饭庄提供佐证。

四、傅山与大钟寺、会锦店

太原府城各寺观也一度成为傅山秘密抗清、组织文人集会的场所，诸如后

---

① （清）刘璋著.斩鬼传·第九回.太原：北岳文艺出版社.1989 年 7 月第 1 版.p161.

"大中市"旧照

铁匠巷玄通观(元通观)、红土沟白云寺、松庄慈云寺、郝庄永祚寺、城区崇善寺、土堂村净因寺、享堂村吉祥寺、上兰村窦大夫祠、崛𡶶山多福寺等，都有着明确的记载。自然位于按司街上的大钟寺(寿宁寺亦即打钟寺)也不例外。

据传，傅山在卫生馆、大宁堂坐诊间，也常往来于大钟寺，与僧人交往频繁。据说安南国使者入觐朝廷，听闻傅山名望，便产生了求书"安南国"三字想法，好带回国中刻石于都门。但使者深知傅山气节，不会为帮助清廷平定南明的安南国题写。听闻大钟寺僧人与傅山交好，遂以千金施僧，伪作佛事。僧人乞请傅山书写了"国泰民安"四字，"南无佛"三字，使者如获至宝离去。这一故事同样记载于徐昆所著《柳崖外编》①与葛虚存《清代名人轶事》②，民间传说多有版本。此外，民间还有傅山醉书"会锦店"的故事，与书写"安南国"三字故事类同，也是僧人移花接木所为，会锦店在鼓楼与麻市街之间，僧人自然也被按到大钟寺头上。

五、选材钟楼街周边写成散曲《红罗镜》

傅山还创作有若干散曲，其中《红罗镜》为其代表。关于散曲《红罗镜》的传播，乃至是否为傅山创作，一直是一个争论不休的悬案。

道光年间，张廷鉴广收傅山著述，哪怕是片言只字。曾得傅山五世孙傅履

---

① (清)徐昆著.柳崖外编·卷五.长春:吉林大学出版社.1995年11月第1版.p85.

② 葛虚存著.清代名人轶事·卷五.太原:山西古籍出版社.1997年7月第1版.p144.

巽家藏抄本，但刊本未成即死去，其弟张廷铨继之，与刘雪崖努力四十年，辑成稿本四十卷《霜红龛集备存》。遗憾的是，在整理甄别过程中，张廷铨对一些"语少含蓄"的奇文采取了删除态度，世传《骄其妻妾》《八仙庆寿》《红罗梦》诸曲，概不收录，一投诸火，散曲《穿吃醋》也止传序文。幸运的是，1934年介休薛凤仪在原籍故家得《红罗镜》旧抄本，并附《齐人乞食》《八仙庆寿》，题曰"阳曲傅山青主著，五世孙履巽顺庵辑"。其时太原学术界常赞春、田九德、张赤帜督促马鑫，由《晋商日报》发表，并汇印三十二开单行本一百部，同年八月，张赤帜改为十六开本重印一百部行世。

但对于《红罗镜》诸曲是否为傅山作品至今仍有不同声音。陈监先先生从曲中人物、方言用词与地理名称等方面分析，断言《红罗镜》不仅是傅山所作，而且曲中反映的地理特征与钟楼街周边吻合。剧中人物陆龙为王府外甥，其实就是傅山好友袁小陆的形象，傅山曾有《为袁生小陆作》诗，自注"阳曲人，国甥"。傅山蒙难间，"袁小陆、杨尔桢乞为同食"；剧中秀云（岫云）也实有其人，乃晋府乐长，声容冠一时。方言使用上，"圪悠""跋蜡""厮跟""歪剌古""盗囊"等均为太原土语。其实类似词语还有不少，尤其是"忘八家""白故故""夜来"等用词更具典型，至今沿用，"忘八家"指吹鼓手、捣鼓儿的，"白故故"指无所事事、满不在乎的样子，"夜来"指昨天。剧中地点，虽未指明具体位置，但晋府店、承恩门、魏榆俱为实指，说明富乐院当在钟楼街周边。这一点，从清咸丰间通俗小说《花月痕》秋心部等十大教坊中的愉园、秋心院位居东米市街与菜市街，也可以印证。

钟楼街这样一条有着上千年历史的老街道，承载了太多的文化历史信息，诸多历史事件与历史人物都难以绕过，而傅山是最不应该或缺的。

醉乡深处

——傅山与定元馆饭庄及其"醉乡深处"匾额

明末清初，受朝代更迭等客观因素影响，傅山原有经济来源特别是地租收入遭受严重打击，加之甲申（1644）、乙酉（1645）年间典卖家产筹资反清复明秘密活动，到顺治七年（1650）前后，原有积蓄多已耗尽，入不敷出，不得不寻求其他办法解决生计问题。其中，开办药铺、鬻卖书画等为世人所共知，与他人合开酒馆则影影绰绰，却鲜为人知。

此一推想，可从三条线索略作探讨：

一、信札留存，确有其事

白谦慎在《傅山的世界》一书中记述，曾在已故北京故宫博物院研究员刘九庵先生处见到傅山信札照片。白先生解读考证认为，该信札大约写于顺治七年（1650）前后，是傅山写给好友——时任山西布政使经历魏一鳌的，其主要内容为求助魏一鳌以获取经营酒店的许可，以此补贴生活，但鉴于当时战争与天灾造成的粮食短缺，清廷在北方地区严令限制酿酒，傅山的这一努力最终未能如愿。

但根据笔者新近发现的一些资料记述，似可佐证傅山不但与他人合作开成了酒馆，而且还亲自题写匾额。酒馆或名为"定元馆饭庄"，匾额则曰"醉乡深处"。

二、古籍记载，言之凿凿

常赞春《茷宧语故》书中记载："清光绪末年，太原府东羊市街定元馆饭庄，过厅上犹悬'醉乡深处'四字匾额，系傅山手题。"常赞春是清末民国间山西著名学者，也是著名书法家，治学态度十分严谨，所述必为其亲见，"醉乡深处"四字匾额为傅山手题的结论应该无误。

直到光绪年间依然在太原府经营的定元馆饭庄，地处东羊市路北，直对晋府店，地理位置优越，与地处南仓巷的清和元饭店仅隔一条按司街。"清和元"店名之内涵自不必赘述，"定元馆"与"清和元"大有异曲同工之妙。

但由于匾额无存，相关文献少之又少，我们也只能是"知其然而不知其所以然"。匾额四字确为傅山手题，也确实为酒馆所写，但究为何人酒店所写，是否为"定元馆饭庄"，均不得而知。

三、小说家言，草蛇灰线

阳曲人刘璋于康熙二十七年（1688）写成的《斩鬼传》第九回中，有关于"醉乡深处"酒馆的描述。说的是，钟馗追捉色中饿鬼间，被醉死鬼绊倒且一把拉住纠缠，钟馗又是怒又是笑，欲杀而不能，只好回到悟空庵，但醉死鬼反而不依不饶，调了一伙醉汉围了悟空庵。醉死鬼或高歌，或醉骂，甚至与钟馗手下之行军司马咸渊叫板、论酒。无奈之下钟馗只好请了太守禁止屠沽，使醉死鬼等酒徒无处买酒，自醒散去。禁止屠沽告示出贴后，酒徒个个清醒他去，只有醉死鬼无酒三分醉。但"三官还避酒客"，钟馗欲诛醉死鬼，被咸渊再三劝阻，醉死鬼便一走一跌去入"醉乡深处"。这"醉乡深处"是个什么去处呢？书中这样描述：

当时醉死鬼到了"醉乡深处"。只见李青莲、崔宗之、毕吏部，还有山涛、

阳曲人刘璋于康熙二十七年（1688）
写成的《斩鬼传》书影

向秀、阮籍、阮咸、刘伶、嵇康、王戎等，或弹琴于松树之下，或敲棋于竹林之中，或抱膝长吟，或闲观宇宙，或临流以羡鱼，或倚山而玩鹤，正在潇洒之际。这醉死鬼到来，众仙道："汝是何人，到此何干？"醉死鬼道："小人颇能吃酒，不想觞犯钟馗，今要斩我，所以逃遁而来。"众仙道："这人既能吃酒，便不俗了。何不与他讲我们高旷，他自然另眼看觑。"醉死鬼道："不讲还好，讲了反禁起屠沽来了，弄的我粮草俱绝，反又恶言不逊，动不动拿了宝剑要杀人，我怎么敌的他过？"众仙听了大怒道："这等可恶！我们何不与他辩论一场，亦教他晓的酒中滋味不比寻常。"大家齐声道："是。"即时离了"醉乡深处"，竟到悟空庵中来。

众仙到了悟空庵中，最终未能辩过钟馗，都回往"醉乡深处"，这醉死鬼哪里还敢闯闯，也要跟了回去。众仙埋怨道："我等原是酒仙，几乎被你累成酒鬼，速速别处去，免使我们动手。"可怜这醉死鬼上天无路，入地无门，只得仰前合后，独自一个行走。

小说创作来源于现实生活，刘璋出生于康熙六年（1667），于康熙二十七（1688）年写成《斩鬼传》，这期间他一直生活在太原府城；而傅山一生中除了外出交游，到康熙二十三年（1684）离世，也同样生活在太原府城。从刘璋的生年与《斩鬼传》成书的年代分析，相去傅山拟与他人合伙开办酒馆也就20到30年的时间。可以推断，书中所写"醉乡深处"酒馆并非完全杜撰，应是参照了其时太原府城一处颇具影响的酒馆，比拟而为。小说中的"醉乡深处"

傅山"醉乡深处"匾额集字。
根据酒馆创设时间，分别集"傅山致魏一鳌"第六札之
"醉""深"二字，第十一札之"乡""处"二字。

酒馆，不在知府禁酒令之列，或即取材于清初官府禁酒后，傅山求助布政使经历魏一鳌特许经营的酒馆，酒馆或名"定元馆饭庄"，匾额曰"醉乡深处"，或就叫"醉乡深处"酒馆；小说中"醉乡深处"酒馆汇聚者，并非泛泛酒徒与酒鬼，而是各路酒仙，或同样取材于现实中傅山同道酒仙、"酒道人"们汇聚傅山酒馆聚会的场景。傅山一生喜酒，常常借酒抒怀，如"醉乡深处"匾额，其内涵所指，或取自唐代皇甫松《醉乡日月》，"醉乡"二字直取书名，"深处"二字引申为"日月"，"日月"之合体又岂不是大明朝之"明"乎！又如魏一鳌往京师述职时赠别之十二条屏，只字不谈宦绩，而是以官与酒为题作文，将"官"与"酒"对立，"酒也者，真酖之液也。真不容伪，酖不容糅。"进而以"不其官而其酒，竟而酒其官"对魏一鳌为官山西评价作结。或许，魏一鳌帮助傅山开设的这一酒馆，除了补贴傅山生活之需外，还有着傅山及其同道们汇聚议事的意义，有类于祁县的"丹枫阁"也未可知！

这些散见于信札、掌故、小说中的零星记载与描述，连缀鱼贯，似乎让我们看到了正在醉乡深处与同道把酒言欢的傅山，从而为研究傅山提供了别开生面的角度。

傅山款 "數飛" 匾额试探

日昇昌，昔日"汇通天下"的全国第一家票号。今天仍是研究晋商文化的一座宝库，其存世的账册、书信等文字材料，建筑、汇票、匾额等实物资料，乃至传说、故事等口头文献，无不为研究者们提供了丰富的素材。

傅山，明清易代之际山西著名思想家、学者。顺治、康熙间，傅山在平遥的活动十分活跃，经常出入于十里铺的栖真庵与长则村的聚仙楼，交游广阔，常与当时的平遥名士如温秋香、梁潢、梁禹甸、刘泽民等人聚会、畅谈、郊游，从事反清复明的活动，尽管这些活动处于极其隐秘的状态，但从傅山遗留在平遥的诗文、碑记中可以略窥端倪。如惠济桥庙关帝殿联"神趣灵长，文德武功，春秋一传；谥尊壮缪，佛兰道靖，日月同明"，后院佛殿联"佛母神道，十字总持方便；普门化现，俱支随处津梁"。还有如东凤落村戏台匾额"潮到了"，以及常见的门匾"安乐居"等。而其中较为特殊的是日昇昌三进院东角门的"數飛"额题（长100cm，宽50cm）。

笔者以为，对于"數飛"额题，不能局限于书法角度辨识，还必须结合傅山在平遥的活动，以及地域文化等多重角度予以解读。

平遥日昇昌票号里院边门

此二字迄无确切释读，笔者结合傅山的行草特征，释作"數飛"，二字为词也，盖出于《说文》，"习，数飞也。从羽从白。凡习之属皆从习。似入切"。又"數，计也，从攴，娄声，以矩切"。"飛，鸟翥也，象形，凡飞之属皆从飞。甫微切。"甲骨卜辞有"习一卜""习二卜"等文，徐灏《注笺》曰"戴氏侗曰：习，鸟肆飞也。《记》曰：鹰乃学习，引之则凡数数扇阖者谓之习。《诗》云：习习谷风。又引之为学习、讲习。别作謵。

灏按：习有频数义，故又引申为重为积。《易》：习坎。陆绩曰：习重也，虞翻曰：积也"[①]。这些"习"字，都有"重复"之意。可见，"數飛"二字乃"习"字之本义。

而就日昇昌而言，笔者以为"數飛"一词的内涵或有两种释读：一是指类似"飞钱"的汇票流动往复，亦即"汇通天下"之意；二是泛指木构建筑"鸟革翚飞"的巍峨壮丽。试分述如下：

一、"數飛"额题，在平遥凡三见

除日昇昌的一处保存完好外，另两处均已不存，一在城内米家巷蔚长厚票号旧址东甬道角门，一在花园街东口路北第二座院落（民国美丽公司所在，疑为承光庆票号旧址）二门。这三处"數飛"的共性在于，均在票号院内，但又

---

① 转引自王延林编.汉字部首字典.上海：上海书画出版社.1990 年 1 月.p58.

都不在正门。

这里就要谈到山西票号的起源，石骏在《汇通天下的晋商》[①]一书中，综合近人东海《说山西票号》与卫聚贤《山西票号史》等诸家之说，概括出山西票号肇自"李自成遗金"的观点，说李自成兵败西撤路经山西，将所携带大量金银珍宝埋弃于中路一带，晋人得之，开设替反清复明义士筹款的秘密组织，以经营存放、汇兑业务作掩护，并由傅山、顾炎武创制周密森严的号规。而另一种较为普遍的说法是：山西票号兴起于嘉道间，乃平遥人雷履泰所创，已为大量史料所证实。

两种说法看似矛盾，其实有相通之处。对于一个从事汇兑业务的机构，从事汇兑业务是其核心所在。我们可以推测：清初，伴随着反清复明的各种起义，反清斗士在平遥创立了汇兑机构，处于秘密状态，不为社会所知。到清朝统治巩固后，这些机构失去了政治意义，转而成为真正的商业机构，其后发展成为票号。笔者大胆设想，这一秘密汇兑机构即创建于顺治初年的栖真庵。栖真庵"起于丁亥（顺治四年，1647年），终于乙巳（康熙四年，1665年），日月一十九稔"[②]。对于栖真庵的研究，由于其创建时代特殊，来往者特殊，济世方式特殊，特别是名字特殊，学界已对其在反清复明活动中的作用有所关注，惜哉存世资料有限，始终难有定论。但我们从各种隐晦的记录中还是可以窥得一二。比如，关于栖真庵的创建，朱之俊的《创建栖真庵碑记》留下了许多值得深究之处。其一，栖真庵的创建。乃明末"有明之来，盗氛孔炽，楚均州房竹间据为巢穴，连年累岁骚扰靡宁，海内朝山者裹足艮趾，概不敢进。而武当黄冠大半散逸，糊口于四方矣。蜡烛涧何子一贯缘在汾阳，来建玄帝宫殿于石

---

① 石骏.汇通天下的晋商.杭州：浙江人民出版社.1997年3月.p113.
② （清）朱之俊.创建栖真庵碑记.(清康熙四十五年)平遥县志.利卷之七上：艺文.p74.

"数飞"匾额。蓝色部分长三尺余（100厘米），宽约尺半（50厘米）

盘山，遇仙坪张子守性缘在平遥，来建玄帝宫殿于十里铺。"[1]如此才有了平遥栖真庵与汾阳玄帝宫两处盛极一时的道教宫观。其二，栖真庵建筑的特殊性。"余往岁皋狼之役，取道平邑，假憩道院，则见环以土堡，冠以雉堞，独蹲旷野，客至如归，不觉生欢喜心，细询庙祝。最先立玉虚大殿以奉金容，次建玉皇阁、东华堂、前门中殿、灵官黑虎二殿，以及十坊斋堂，复券窑洞数十，余为静室。"[2]铜墙铁壁，如此规模，像城堡般坚固，像驿站般独蹲旷野，尤其窑洞数十，确有一般宫观所没有的职能。其三，朱之俊对栖真庵的释读，一如傅山之作《丹枫阁记》，实是欲盖弥彰。"余闻道家有全真、正一二门，亦犹释氏之顿、渐，分南北宗也。然全真之教昉于东华教主少阳君，兴于王重阳，盛于丘长春……尝绎夫真之旨而推广之。三光恒明，四序不忒，天之真也。春生夏长，岳峙川流，地之真也。他日，青林紫字，不假煤楮，一气结成，号曰真经。黄芽白雪，犬食化龙，鸡吞变凤，号曰真丹。鞭风策电，入水不濡，投

---

① （清）朱之俊.创建栖真庵碑记.(清康熙四十五年)平遥县志.利卷之七上：艺文.p73.
② （清）朱之俊.创建栖真庵碑记.(清康熙四十五年)平遥县志.利卷之七上：艺文.p74.

火不焦，号曰真人。真之时义大矣哉。"①而且，叙及筑庵，还特别提及"平邑大工则有朱守丹、李子诚莲，暨徒苏子宣福、扬子太宾在协力共图，不日告竣。"②朱守丹、丹凤阁，乃至朱衣道人、霜红龛，朱、丹、红，潜词不言自明。更何况穿梭于丹凤阁、栖真庵者，乃傅山、顾炎武、戴廷栻、朱之俊等反清复明的中坚，庵中有傅青主《不为大常住勖哉之碑》③，朱之俊《创建栖真庵碑记》，乃至"陆状元（陆肯堂）亲笔一，王山史（王弘撰）征君亲笔一，许时庵（许汝霖）先生诗一"④即为明证，以及平遥当地与傅山过从甚密的温秋香、梁禹甸、梁潢。此外，还有一个特别的旁证，清康熙《朔平府志》记，在平鲁城北固山有元帝庙⑤，康熙年间刘三元《创建普济桥庙碑记》⑥："我陶梁亲家，商游北塞，谓云、朔地镇端北，位属元冥，为建元帝庙一座，以凝风气。又设茶房于侧，四时施茶济行道，且便焚醮，为守庙计虑深远也"，"公讳世全，号小泉，山西汾州府平遥县侯垌里二甲人"。而威远卫又是与傅山、李颙为道义之交的郭传芳九芝家乡。康熙五年（1666）顾炎武"出雁门，适应州，重过大同，与李因笃等二十余人聚资肯荒于雁门之北，五台之东"⑦。对比平遥之栖真庵，汾阳之玄帝宫，可以发现，这些建筑几乎是同一时期落成，同为玄帝

---

① （清）朱之俊.创建栖真庵碑记.(清康熙四十五年)平遥县志.利卷之七上：艺文.p75.
② （清）朱之俊.创建栖真庵碑记.(清康熙四十五年)平遥县志.利卷之七上：艺文.p73.
③ （清）傅山.不为大常住勖哉之碑.(清康熙四十五年)平遥县志.利卷之七上：艺文.p110—111.
④ （清）刘涵.与王诚亭先生书.(清康熙四十五年)平遥县志.贞卷之七下：艺文.p14—16.
⑤ 李裕民点校.(清康熙)朔平府志卷之三：方舆志.山川.北京：东方出版社.1994年12月.p93.
⑥ 李裕民点校.(清康熙)朔平府志卷之十二：艺文志.碑记.北京：东方出版社.1994年12月.p987—988.
⑦ 侯文正.傅山年谱.傅山传.太原.山西古籍出版社.2002年8月.p340.

宫观，相似的行侠济世，平遥栖真庵与汾阳玄帝宫出入驻足者已明，平鲁元帝庙创建者又恰恰是平遥人梁世全，作《创建普济桥庙碑记》的刘三元，笔者以为，即是《清实录》①与清康熙《平遥县志》②等典籍所载，聚集义师于顺治六年（1649）呼应姜瓖反清起义，执杀满清首任平遥知县，起义失败后弃家为道，放浪山水间，最后落脚栾城的明朝举人、栾城令、兵部车驾司主事兼户部事、宁远宪使的平遥人刘三元。之所以如此断言，不仅因梁世全、刘三元都是平遥人，且文中记述梁世全籍贯所用为明里甲而非清里甲，这也是明代遗民的通用做法。同时说明，刘三元在避居栾城后，依然参与了一些不为人知的反清活动。如此，清初山西反清复明的群体，便可从平遥栖真庵、汾阳玄帝宫、平鲁元帝庙乃至祁县丹枫阁、平遥聚贤楼等的关联中得到复原。尽管此类活动尽属绝密，不为外人知晓，也不可能留下明确文字，但就这些隐晦的文字已经足以证明这些活动。上述建筑，都属当时山西反清复明的据点。这一点，从这些宫观的昙花一现也可见一斑。又，上述三大宫观，乃至丹枫阁，都"施茶汤以济行旅，设药局以医疾苦"，从事着行侠济世的活动，其大笔的开销从何而来？得自李自成遗金，或者有一批机构直接从事高利润的借贷业务，而以汇兑的形式实现异地间的资金往来，设或可以假定为一种方式，只不过这些机构处于秘密状态不为社会所知而已。直到康熙的怀柔政策奏效，傅山、顾炎武等前辈过世后的清中叶，汇兑业务才逐渐成为面向商界与大众的票号。《新唐书·食货志四》"宪宗以钱少，复禁用铜器。时商贾至京师，委钱诸道进奏院及诸军诸使富家，以轻装趋四方，合券乃取之，号飞钱。""飞钱"亦称为"便换"，是在唐宪宗时期产生的一种汇兑制度。其时经济日益发展，铜钱数量不足，加之携带不便，此种汇兑方式应运而生。商人在京城把钱交予诸军、诸使、富家或诸道进奏院，携券到其

---

① 任根珠主编.《清实录》山西资料汇编.太原：山西古籍出版社.1996年6月.p87.
② （清康熙四十五年）平遥县志.多卷之六：人物·忠节.p18—19.

他地区的指定地方取钱。以此推理，"數飛"匾额可能是承载当年秘密汇兑业务的代名词。傅山善写异体字，但此处数飞二字则是借《说文》习字的字解，也借助产生于唐代"飞钱"的内涵，汇票往来似众鸟在空中穿梭。也就是说，"數飛"匾额应该是傅山为栖真庵或其他从事秘密汇兑业务的机构所题。

二、为从事营造的木厂或木作业所书

《诗经·小雅·斯干》有"如竹苞矣，如松茂矣""如鸟斯革，如翚斯飞"，以歌颂周宣王宫室的宏伟壮观、檐如鸟飞之势。由此后人美宫室之联语有"竹苞松茂，谓制度之得宜；鸟革翚飞，谓创造之尽善。"[①]从现有史料分析，西裕成颜料庄改为日昇昌票号时，其营业场所的前身乃一木器厂，字号无记载，但据今日昇昌西侧"二合木厂巷"之名推断，"二合木"者，大、小木作之合称也。《营造法式》[②]三十四卷，其中，大木作制度两卷，大木作功限三卷，小木作制度六卷，小木作功限四卷，通共占去十五卷篇幅。说明木作制度在中国古建筑中的主体地位。材、拱、枓、爵头、平座等大木作，版门、乌头门、软门、垂鱼、雀替等小木作都可以胜任的木厂，才称得上"二合木厂"。走遍平遥城镇乡村，北汉、宋（金）、元、明、清各代各式楼阁殿宇保存至今者甚多，各种民居更是丰富多彩，所有这些建筑都应有发达的营造厂与匠人支撑。据乾隆三十一年（1766）《建木行祖祠碑》[③]记载，木行有"木厂行"与"木匠行"之别，当时大的木厂行即有元盛、富东、德盛、乾雍、东义、合盛等六个，日昇昌票号前身的木器厂或许就是其中之一，而且是一个集大、小木作于一体的二合木器厂。如此木器厂，"數飛"二字当之无愧。

但这木厂或木作业具体是哪一家？还需从栖真庵的创建寻找答案。《创建

---

①　（明）程登吉．幼学故事琼林．上海：复旦大学出版社.1998年6月.p154.
②　邹其昌点校．文渊阁：钦定四库全书营造法式．北京：人民出版社.2006年9月.
③　晋中市史志研究院．平遥古城志．北京：中华书局.2002年5月.p174.

栖真庵碑记》中说，"平邑大工则有朱守丹、李子诚莲，暨徒苏子宣福、扬子太宾在协力共图，不日告竣"[①]。可以发现，在栖真庵的创建过程中，道教人物主要有四，结合相关史料可知，张子守信半而殒生，何子登橐不久即被逐南通。营造人物也主要有四，平邑大工朱守丹，李子诚莲，徒苏子宣福、扬子太宾。从朱之俊《创建栖真庵碑记》与傅山《不为大常住勌哉之碑》看，最终守丹、诚莲乃至宣福、太宾也弃营造而入道。在十九年的栖真庵创建过程中，朱守丹、李诚莲、苏宣福、扬太宾等营造匠人贯穿始终。而此四人极有可能是日昇昌票号前身的木厂中人。由此推断，"數飛"或为此木厂书，以美其营造术。

---

① （清）朱之俊.创建栖真庵碑记.(清康熙四十五年)平遥县志.利卷之七上：艺文.p73.

后 记

　　拙作《龛外霜叶红——抄本〈傅眉杂录〉考略及其他》即将付梓，有三层意思必须表达。一是惭愧。傅山乃至傅学研究是一个非常学术化的课题，自己仅仅是一个业余爱好者，所写内容也多停留在傅山研究新资料的整理挖掘上，还谈不上对傅山思想研究的高度，考证解读过程中一定存在诸多问题与不足，研究的方法也不够专业，恳请专家学者批评指正。二是感谢。拙文能够发表，拙作能够付梓，与各位师长、同道的鼎力相助密不可分。感谢范世康、魏宗禹、尹协理、何远诸先生的鼓励与鞭策，感谢王志超、高生记、王泽周、乔宏阁、吕国俊、谢燕、刘倚欣、白洁诸先生的支持与关心，感谢张建秀、李子弘、许中、郝晓强、梁瑞强诸先生的帮助与匡正，感谢责编王甜对本书出版的辛苦付出，特别感谢宋庆林先生于抄本《傅眉杂录》研究中的慨然赠阅。三是缅怀。自己一度问学于张颔与林鹏二老，并夸海口纂辑《方志中的傅山》，而今二老均已仙去，纂辑仍未完成，内心充满愧疚，权以斯册用志缅怀。

傅山是一座学术高峰、思想高峰，路漫漫其修远兮，对傅山乃至"傅学"研究，仅仅才开了头，吾自当上下求索，孜孜以求。

郝岳才

壬寅端阳节后十日于太原习巢书斋

赠魏一鳌行草书十二条屏

此十二条屏现藏于美国纽约收藏家之手，寄存于耶鲁大学美术馆